Théodore Botrel

Chansons

en

Sabots

(Suite de *"Chansons de Chez Nous"*)

Aquarelles de René LELONG
gravées par DAUVERGNE

Gravure en Taille-douce de P. de TRICK

Georges ONDET, Éditeur, 83, Faubourg Saint-Denis, Paris.   Prix 3 fr. 50

au fier et vaillant Maître,
à mon illustre ami

Maurice Barrès,

fraternellement

Lorrains, Gascons, Normands, Bretons,
Riches ou gueux, rustres ou princes,
La terre que nous emportons
A nos talons, quand nous partons,
Nous colle au sol de nos Provinces !

Botul.

Port-Blanc (C. du N.)
Juin 1902

CATALOGUE COMPLET DES CHANSONS ET POÉSIES
de Théodore BOTREL

Chantez, les Gâs!...
(CHANSONS DE BRETAGNE)

1re SÉRIE	2e SÉRIE	3e SÉRIE	4e SÉRIE
1. Là Paimpolaise.	13. Le Vœu à Saint-Yves.	25. Le Noël des Pauvres Gens.	37. Qué qu' t'as, mon gâs ?
2. La Fanchette.	14. Les Terr'-Neuvas.	26. Yann-Guenille.	38. Le Soleil tombe.
3. La Vilaine.	15. Le Petit Goret.	27. Le Vieux Blaise.	39. La Complainte du Roi d'Ys
4. La Jalouse.	16. Les Semeurs.	28. Le Tailleur de Granit.	40. Les Sabots de Jésus.
5. L'Océan.	17. La Légende du Rouet.	29. L'Angelus du Soir.	41. Le Blé noir.
6. Le Cloarec.	18. Les Tout-Petits.	30. La Meunière de Pont-Aven.	42. La Femme du Bossu.
7. Dors, mon gâs !	19. Les Gâs de Morlaix.	31. Ma Bretagne.	43. La Berceuse du Violoneux.
8. Les Berceaux.	20. Noël à bord	32. Jobic le Philosophe.	44. La Chanson du Pâtour.
9. Ronde des Châtaignes.	21. La Voix des Cloches.	33. Le Navire du forban.	45. La Meule de foin.
10. La Voix des Genêts.	22. Le Retour du Gâs.	34. Le Pom'mier enchanté.	46. Mon Gâs d'Islande.
11. Notre-Dame des flots.	23. La Dernière Ecuelle.	35. La Mijaurée.	47. Les Gâs de St-Malo.
12. Mon pen-bas.	24. La Charrue.	36. Les Petits Graviers.	48. Restons chez nous !

Chansons de Jacques-la-Terre
(CHANSONS DE PAYSANS)

1re SÉRIE	2e SÉRIE
1. La Duchesse Anne.	13. La Sabotière.
2. Grand'Maman Fanchon	14. Aux Gâs d'Arvor.
3. Noël des Bergers.	15. Les Petits Sabots.
4. Pierre-qui-roule.	16. Le Couteau.
5. Le Bûcheron.	17. Lettre de la Fauvette.
6. Petit-à-petit.	18. Les Loups-Garous.
7. L'Homme heureux.	19. Le vieux Jaloux.
8. Gomprenan Ket!	20. La Quenouillée.
9. La Louve anglaise.	21. La Basse-bretonne.
10. Par le petit doigt.	22. Les trois Angelus.
11. Fumée d'Ajonc.	23. Fume ta pipe, mon gâs!
12. Bonheur manqué.	24. Vas-y, la Grise !...

Chansons de Jean-la-Vague
(CHANSONS DE MARINS)

1re SÉRIE	2e SÉRIE
1. Les Gabariers de la Rance	13. Dans vos yeux.
2. La Moussaillonne.	14. La Croix de grève.
3. Le Tricot de laine.	15. La Lettre du Gabier.
4. Il était un petit navire!	16. Réponse de la Grand'Mère.
5. Les Oiseaux-présages.	17. Pauvre p'tit Gâs !
6. La Nuit en mer	18. La brume.
7. Guetteurs d'épaves.	19. Mon petit Moko.
8. Le Grand Lustukru.	20. La Belle Corvette.
9. Les Deux Gabiers.	21. Nos patates.
10. Yann-la-Goutte.	22. Le Diable en bouteille
11. Goélands et Goëlettes.	23. Quelques renseignements.
12. La Mer et la Maman.	24. Le Cantique du Départ.

Coups de Clairon
(CHANSONS ET POÈMES PATRIOTIQUES)

1re SÉRIE	2e SÉRIE
1. Les Loups bretons.	13. La France héroïque.
2. Jean-Sac-au-Dos.	14. L'Amiral Bouvet.
3. En chantant !..	15. Quo Vadis !
4. Serrons les rangs !..	16. Le Bouquet de La Tour.
5. Pour la Patrie.	17. Ma Patrie [d'Auvergne
6. Les Françaises.	18. Le Corsaire Doublet.
7. Fraternité.	19. Les Larmes de Krüger.
8. Au temps jadis.	20. Visions Nantaises.
9. La bannière de Loigny.	21. Le Grand Clairon.
10. Les larmes de Du Guesclin.	22. Mes Talismans.
11. Hardi, les Boërs !	23. Les Anciens de la Flotte
12. Les Coquelicots.	24. Les Corbeaux.

(1 à 12 : avec musique)

Contes du Lit-Clos
(LÉGENDES ET CONTES DES VEILLÉES BRETONNES)

1re SÉRIE	2e SÉRIE
1. L'Ankou.	13. Les Pommiers bretons.
2. La Route.	14. Les Gens à plaindre.
3. Le Clocher de Tréguier	15. Le Vent qui rôde.
4. Péri en mer.	16. L'Anesse de Jésus.
5. En dérive.	17. Le Noël des Bêtes.
6. Les Moulins à vent.	18. Le Solitaire.
7. La Rencontre.	19. La Pitié des fleurs.
8. Qué sale boisson !	20. Aux gens heureux.
9. La Main maudite.	21. Celui qui frappe.
10. La Louve.	22. L'odeur de l'Ajonc.
11. La Bague d'argent.	23. Les petites Patries.
12. L'Horloge de Grand'Mère.	24. La Côte d'Emeraude.

Chaque chanson ou poésie de ces cinq collections......... Poésie ou chant seul, 0 fr. 35 ; piano, net, 1 franc.
Elles sont réunies sous couverture, par séries de douze. La série : — 2 fr. 50 ; — 10 —

Chansons de "la Fleur-de-Lys"
(1793)
Mus. de Botrel, Marietti, Varney

1. La Chasse aux Loups.
2. Fleur de Reine.
3. Jean Cottereau.
4. Le mouchoir rouge de Cholet.
5. La Messe en mer.
6. La « Marie-Jeanne ».
7. Les Briseurs de Calvaires.
8. Le Dernier Madrigal.
9. A la santé du Roi.
10. Berceuse blanche.
11. Le Petit Grégoire.
12. Bretons têtus.
13. Debout, les Gâs !...
14. Dans le jardin de France.
15. La Cloche d'Ys.

Chansons pour Lison
(POÈMES D'AMOUR RUSTIQUE)
Musique de Désiré Dihau

1. Premier baiser.
2. Sérénade à Lison.
3. La Neige et le Vent.
4. L'Angelus d'Amour.
5. Comme le flot...
6. Revanche d'Amour.
7. Lison s'en est allée !..
8. Tous deux !
9. Menteuse !
10. Petite Chanson.
11. Lison est revenue !..
12. Le Rondeau d'un soir d'été.
13. Dodo, ma Lison !
14. Hisse la grand'voile !
15. Par un soir d'avril !

Chansons en Dentelles
(CHANSONS LOUIS XV)
Mus. de Botrel, Marietti, Lassailly

1. Les Gardes-Françaises.
2. Vous en souvenez-vous, marquise
3. La Sérénade désolée.
4. Les Mousquetaires gris.
5. Tout doux, ma Musette !
6. Le Gâs d'Arzon.
7. Chanson rose.
8. Lettre du Sergent aux Gardes.
9. La Fille sans ami.
10. La Pichenette.
11. L'Oiselet de mon cœur.
12. Service du Roy.
13. Derrière l'éventail.
14. Chanson de Corsaire.
15. Monsieur de Kergarlou.

Chaque chanson de ces trois collections.................. Chant seul, 0 fr. 50 ; piano, net, 1 fr.50.

THÉODORE BOTREL

Chansons

en Sabots

A la mémoire de ma mère

T. B.

P. de Frick pinx   Chauvet sculp.

THÉODORE BOTREL

CHANSONS en SABOTS

(Suite de " CHANSONS DE CHEZ NOUS ")

Poésie-préface de SULLIAN-COLLIN

COUVERTURE et AQUARELLES de René LELONG
gravées sur Bois par DAUVERGNE

PORTRAIT DE L'AUTEUR
gravé en Taille-douce, d'après le Tableau de P. DE FRICK *(Salon 1902)*

GEORGES ONDET, Éditeur

83, RUE DU FAUBOURG SAINT-DENIS, PARIS

MCMII

(2° MILLE)

Il a été tiré de cet Ouvrage,

sur Papier des Manufactures Impériales du Japon (INSESTU-KIOKU),

TRENTE EXEMPLAIRES

numérotés (1 à 30) et paraphés par l'Éditeur,

au prix de vingt francs l'un.

———

Les quarante-cinq Gravures sur Bois de DAUVERGNE,
avec le portrait de l'Auteur en taille-douce, à grandes marges,
sont tirées sur papier de Chine à

DIX EXEMPLAIRES

numérotés et signés par l'artiste, à cinquante francs chaque suite.

———

NOTA. — Les quarante-cinq Chansons de ce Volume sont réunies,
avec accompagnement de piano, en un album illustré portant le même titre :
CHANSONS EN SABOTS (*Format in-4° Jésus. — Prix net :* **30** *fr.*).

VERS L'IDÉAL

à Théodore BOTREL

en manière de préface.

Pour vous payer des dons si largement offerts,
Il vous suffit, ami, d'un rien, de quelques larmes ;
Et, s'il fallait encore embellir tant de charmes,
On pouvait vous donner des fleurs : voici des vers,

Des vers écrits pour vous et par un camarade
L'hommage semblera sans doute superflu ;
Mais c'est là votre orgueil d'avoir ainsi voulu
Que ce soit un Breton qui vous donne l'aubade.

Je reconnais bien là le barde fier et doux
Dont le cœur est toujours où s'ouvrirent ses rêves :
Nous autres, qui vivons maintenant loin des grèves,
Nous aimons à parler avec ceux de " chez nous ".

Merci, car un Breton peut seul dire à voix haute
Qu'on s'honore là-bas des bravos recueillis :
Si nul ne fut jamais prophète en son pays,
On ne chante que vous de la Lande à la Côte.

La Bretagne eut toujours ses poètes charmeurs :
Par les sentiers fleuris d'ajoncs et de bruyère
Ils vont très lentement, graves comme en prière,
De la foule fuyant les banales clameurs.

Mais, si noble que soit le but qu'il veut poursuivre,
Le poète s'attarde en rêves décevants
Car, son poème écrit en des vers triomphants,
La forme le retient prisonnier dans un livre.

Mais ceux pour qui le Livre est à jamais fermé,
Qu'ils ne l'aient pas trouvé sur la route suivie
Ou que le tourbillon des choses de la vie
Les empêche d'ouvrir même l'ouvrage aimé,

Ceux qui n'ont jamais lu, n'ayant jamais su lire :
Le pêcheur qu'une barque emporte tous les soirs,
Le laboureur qui passe en semant les espoirs,
L'artisan dont le rêve est souvent du délire ;

Ceux qui ne savent plus, ceux dont s'ouvrent les yeux
Le vieillard dont la main ne peut tourner la page,
L'enfant qui ne connaît encore que l'image,
Ceux-là n'auront-ils pas un poète pour eux ?

Et si, dans leur regret de l'étude choisie,
Si, par leur ignorance ou leur légèreté,
Ils vivent sans jamais sourire à la Beauté,
Seront-ils donc privés de toute poésie ?

Et c'est bien là ton rôle, ô naïve Chanson,
D'aller au cœur de tous sans le secours du Livre
Et de faire vibrer dans le bonheur de vivre
L'âme où ton charme éveille un suave frisson.

La Chanson qui pénètre au fond de la chaumière
Pour s'asseoir au foyer, courir sur les lits-clos,
Suivre le pâtre aux champs, le mousse sur les flots,
Apportant à chacun la joie et la lumière ;

La Chanson qu'on dirait un soupir de roseau,
La Chanson qui sait prendre aussi la voix des houles
Pour faire tressaillir d'émotion les foules,
La Chanson qui s'élève ainsi qu'un chant d'oiseau ;

La Chanson qui va, vient, sur mer, sur la montagne,
Voilà ce qu'on demande à ceux qui vont rêvant
Et ce que leur fierté nous refuse souvent...
Et voilà ce qu'on aime au pays de Bretagne.

Et vous êtes venu vers les déshérités,
Et vous avez compris, vous dont grandit le rêve
Au rythme languissant des vagues sur la grève,
Que s'ils n'étaient pas lus les vers seraient chantés.

Et vous avez chanté la Chanson la meilleure,
Non pas celle qui passe et qu'on écoute en vain,
Mais celle qui pour l'âme est un baume divin
Et met comme un rayon sur le front qu'elle effleure.

Ainsi, vous avez dit aux Bretons de " chez nous " :
« Frères, écoutez bien la voix de vos ancêtres,
« Comme eux sachez rester fidèles à vos prêtres,
« Et ne rougissez pas de tomber à genoux. »

Et vous, le barde aimé que la foule environne,
Vous avez, par des vers que tous ont recueillis,
Su rendre encor plus cher à tous le grand Pays
Dont Anne de Bretagne a porté la couronne.

Même en France gardant les costumes si beaux
Qui furent des Bretons l'orgueil et la richesse,
A l'égal maintenant de la Bonne Duchesse
Vous quittez vos souliers pour chausser des sabots.

Et vous allez partout, dissipant d'un sourire
Le nuage qui monte à l'horizon si noir :
Par vous qui le chantez va renaître l'Espoir
Que d'autres ont rêvé, mais ne savaient qu'écrire.

Alors que, d'un dédain ou d'un geste moqueur,
Les sceptiques penseurs semaient partout le Doute,
Vous avez eu des mots pour les mettre en déroute,
Qui n'ont d'autre secret que de venir du cœur.

Et nous vous disons tous : « Poursuivez votre ouvrage,
C'est un apostolat que nous applaudissons ;
En France, où tout finit, dit-on, par des chansons,
Il suffit d'un refrain pour rendre le courage ! »

Et les Bretons, conduits par un chef si loyal,
Marcheront avec vous pour mener la campagne,
Heureux et fiers surtout qu'il parte de Bretagne
L'élan qui fait monter les cœurs vers l'Idéal.

SULLIAN-COLLIN.

Le Bûcheron

LE BÛCHERON

Musique de Théodore BOTREL

I

Un frisson court à travers les orges
Et les maïs ;
On entend chanter les rouge-gorges
Dans les taillis.
L'Ombre meurt... et c'est de la Lumière
Le gai réveil :
Bûcheron, ouvre donc ta chaumière
Au bon soleil !

Lève-toi ! l'aube est déjà levée !
Bûcheron, prends ta grande cognée,
Mon gâs !
Dans le mitan
De la forêt prochaine
Le vieux chêne
T'attend.

II

Ce géant, c'est toi qui vas l'abattre,
Toi, pauvre nain !
A son pied tu vins souvent t'ébattre,
Etant gamin ;
A son pied tu parlais à ta « Douce »,
Cœur frémissant…
Aujourd'hui, la sève t'éclabousse
Comme du sang :

Entends-tu, quand s'abat ta cognée,
Entends-tu cette voix désolée,
Mon gâs ?
C'est la clameur
Immense et presque humaine
Du vieux chêne
Qui meurt !

III

Bûcheron, quand sur l'arbre tu cognes,
Sois sans remords ;
Il sera l'ami de nos besognes
Et de nos morts :
Dans la Glèbe ou sur la Mer bourrue
Ou sur ton seuil
Il sera Berceau, Barque ou Charrue
Ou bien… Cercueil !

Bûcheron, ramasse ta cognée !
En chantant rejoins ta maisonnée,
Mon gâs !
Dans le soir d'or,
Sans révolte et sans haine,
Le grand chêne
Est mort !...

Goëlands

et Goëlettes

———

GOËLANDS ET GOËLETTES

Musique de THÉODORE BOTREL

I

Allons voir les goëlettes
Dans le bassin de Paimpol :
Les goëlands, les mouettes,
Les caressent dans leur vol ;
Puis, quand les Vagues s'élancent
A l'assaut du quai noirci,
Les goëlands s'y balancent,
S'y balancent...
Les goëlettes aussi !

II

Les grands oiseaux d'aventures
Vont se perdre dans les cieux ;
Les bateaux et leurs mâtures
Tendent leurs longs bras vers eux
Les jours et les mois s'envolent,
L'Hiver passe sans souci !...
Les goëlands se désolent,
Se désolent...
Les goëlettes aussi !

III

Lorsque Février arrive,
Les goëlands sont joyeux ;
Des voix pleurent sur la Rive
La Complainte des Adieux :
— « Vos Paimpolaises sont belles
Islandais ! Restez ici !... »
Les goëlands ont des ailes,
Ont des ailes...
Les goëlettes aussi !

La Meunière

de Pont-Aven

———

LA MEUNIÈRE   DE PONT-AVEN

Pont-Aven, ville de renom :
Quatorze moulins, quinze maisons (1).

Musique de THÉODORE BOTREL

(1) Dicton breton.

I

Au fond du Finistère,
Tic, tac, lan lireli,
Au bord d'une rivière,
Tic, tac, lan lireli,
Y a-t-un moulin joli
Qui tourne, tourne, tourne,
Qui tourne jour et nuit !

II

J'en connais la meunière,
  Tic, tac, lan lireli,
Une fille ben fière,
  Tic, tac, lan lireli,
Au petit cœur joli
Qui tourne, tourne, tourne,
Qui tourne jour et nuit !

III

Sous ma veste en futaine,
  Tic, tac, lan lireli,
J'avais, l'autre semaine,
  Tic, tac, lan, lireli,
Un cœur tout sans souci
Qui chante, chante, chante,
Qui chantait jour et nuit !

IV

Prit mon cœur, la meunière,
  Tic, tac, lan lireli,
Le mit la nuit entière
  Tic, tac, lan lireli,
Sous la meule en granit
Qui tourne, tourne, tourne,
Qui tourne jour et nuit !

V

De la rouge farine
  Tic, tac, lan lireli,
Fit une miche fine,
  Tic, tac, lan lireli,

Un pain d'amour maudit,
Qu'on mange, mange, mange,
Qu'on mange jour et nuit !

VI

Le pauvre gâs qu'en mange
    Tic, tac, lan lireli,
Possède un cœur étrange,
    Tic, tac, lan lireli,
Un cœur endolori
Qui pleure, pleure, pleure,
Qui pleure jour et nuit !

VII

Gardez-vous des meunières
    Tic, tac, lan lireli,
Et des fillettes fières,
    Tic, tac, lan lireli,
Cœurs et Moulins jolis
Qui tournent, tournent, tournent,
Qui tournent jour et nuit !

La Lettre
du Gabier

———

LA LETTRE DU GABIER

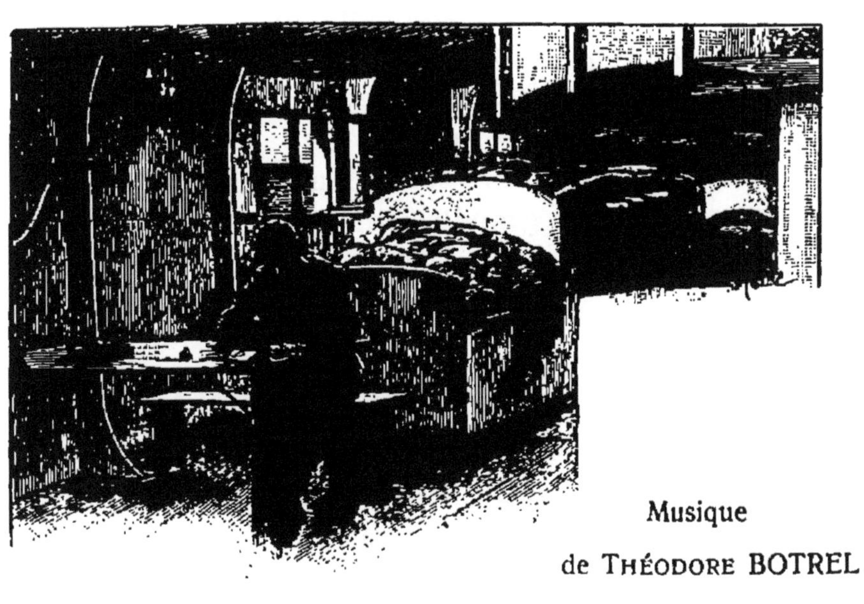

Musique
de Théodore BOTREL

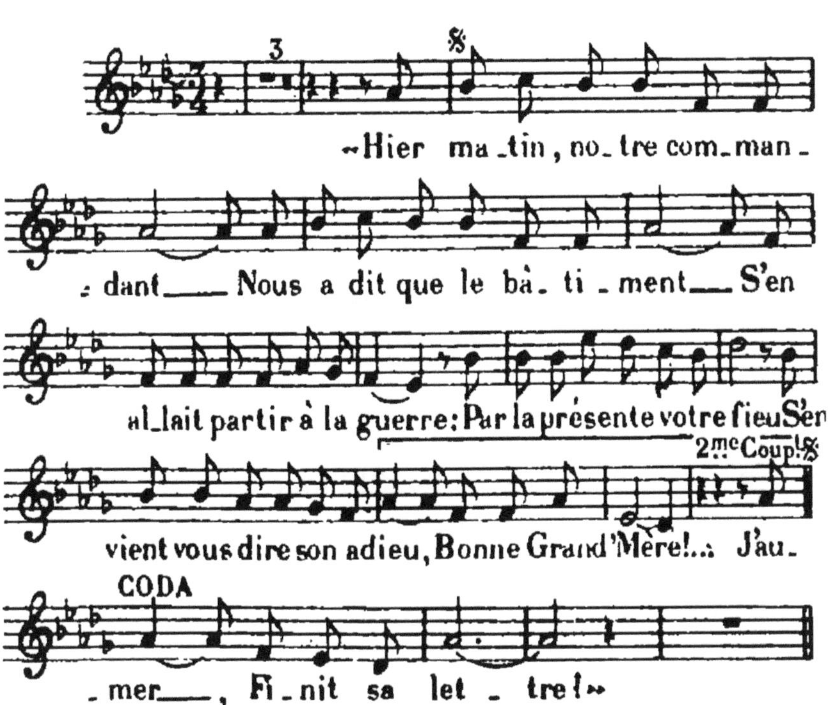

I

« Hier matin, notre commandant
Nous a dit que le bâtiment
S'en allait partir à la guerre :
Par la présente, votre fieu
S'en vient vous dire son adieu,
        Bonne grand'mère !

II

J'aurais ben voulu, core un coup,
Mettre mes bras à votre cou,
Tout comme au temps de mon enfance ;
'Mais, l'un et l'autre, oublions pas
Qu'à-présent votre petit gâs
        Est à la France !

III (*ad lib.*)

Les camarades du pays,
A leurs parents, à leurs amis,
Font aussi leurs adieux, ben vite,
Espérant que la lettre-ci
Vous trouvera vaillants, ainsi
        Qu'elle nous quitte.

IV

Paraît qu'on va voir les Chinois ;
J'espère ben qu'avant six mois
Ils seront battus par les nôtres !
Si l'on débarque, faudra voir :
Je saurai faire mon devoir
        Comme les autres !

V

Je veux être le mieux noté
Pour m'en revenir breveté,
Peut-être même quartier-maître !
Avec mes galons frais cousus...
Je rirais si vous n'alliez plus
      Me reconnaître !

VI

Si je meurs — dam ! faut tout prévoir ! —
Vous prierez pour moi, chaque soir,
Madame la Vierge Marie :
Dîtes-vous, dans votre chagrin,
Que je suis mort, en bon marin,
      Pour la Patrie !

VII

Voici qu'on sonne le départ !...
Embrassez, tout doux, de ma part,
Celle... à qui, chaque jour, je pense ;
Qu'elle me conserve son cœur :
Il sera, si je suis vainqueur,
      Ma récompense !

VIII

Adieu ! pour de bon cette fois...
D'autant que, vraiment, je ne vois
Plus rien autre chose à vous mettre...
Votre Yvon, élève gabier,
Qui, sans finir de vous aimer,
      Finit sa lettre ! »

Réponse

de la Grand'Mère

RÉPONSE DE LA GRAND'MÈRE

*(Suite de
la Lettre du Gabier)*

Musique de Théodore BOTREL

I

« J'ai ben reçu, mon petit-fieu,
La lettre où tu me dis adieu
Avant de partir en campagne.
Et je dicte la lettre-là,
Que tu liras ben loin déjà
        De la Bretagne !

II

Je suis fille d'un matelot,
J'ai mon homme et trois gâs dans l'eau...
— La vie est quelquefois bien rude ! —
J'en ai tant dit des « Au revoir ! »
Que je devrais bien en avoir
        Pris l'habitude ;

III

Pourtant, j'ai le cœur plein d'émoi :
C'est qu'aussi je n'ai plus que toi,
Plus que toi, tout seul, en ce monde !
— Las ! que ferais-je, désormais,
Si je ne voyais plus jamais
        Ta tête blonde ?

IV

Mais je console mes chagrins
En me disant que les marins
Ne meurent pas tous à la Guerre :
Vas-y gaîment, mon petit gâs...
Et reviens vite dans les bras
        De ta grand'mère !

V

Pense à moi souvent, très souvent ;
Et, chaque fois que le grand Vent
Viendra de la Côte bretonne,
Laisse-le te ben caresser :
Il t'apportera le baiser
        Que je lui donne.

VI

Je prierai la Vierge d'Arvor,
Ben que j'invoque, et mieux encor,
Sainte-Anne, lorsque je suis seule :
C'est Elle qui doit, dans les Cieux,
Protéger tous les Petits-Fieux,
        La bonne Aïeule !

VII

Retiens ben ce que je te dis :
Celle à qui tu donnas, jadis,
L'anneau d'argent des accordailles
Sera fidèle à votre amour,
Et t'espèrera jusqu'au jour
    Des épousailles !

VIII

Sans adieu, mon petit Yvon !
Je dicte ces mots, qui s'en vont
Sonner ben doux à ton oreille,
A ta cousine Lénaïk,
Et je signe : Veuve Rouzik,
    Ta pauvre vieille ! »

La Nuit en Mer

LA NUIT EN MER

I

La brise enfle notre voile :
Voici la première étoile
Qui luit;
Sur le flot qui nous balance,
Amis, voguons en silence
Dans la nuit.

Tous bruits viennent de se taire;
On dirait que tout, sur Terre,
Est mort :
Les Humains comme les Choses,
Les oiseaux comme les roses,
Tout s'endort!..

II

Mais la Mer c'est la Vivante,
C'est l'Immensité mouvante
Toujours,
Prenant d'assaut les jetées,
Dédaigneuse des nuitées
Et des jours!..

Hormis Elle, rien n'existe
Que le grand Phare et son triste
Reflet;
A la place la meilleure,
Mes amis, jetons, sur l'heure,
Le filet!

III

Puis, enroulés dans nos voiles,
Le front nu sous les étoiles,
Dormons!
Rêvons, en la Paix profonde,
A tous ceux qu'en ce bas-monde
Nous aimons!
Dormons sur nos goëlettes
Comme en nos bercelonnettes
D'enfants...
Et demain, à marée haute,
Nous rallierons à la Côte,
Triomphants !..

Le Vieux Jaloux

LE VIEUX JALOUX

Musique d'ANDRÉ COLOMB

Que te voilà ben attifée,
Vieille coquette en cheveux blancs !
On dirait d'une belle fée
Qui s'en va quérir des galants !

T'as mis ta jupe la plus belle
Et ton justin le plus mignon,
Ta grande coiffe de dentelle
Qui, de loin, semble un papillon...

Ton cou, ton bras et ton oreille
Sont ornés d'affiquets d'argent !
Mais ton vieux auprès de sa vieille
Aura l'air d'un pauvre Saint-Jean !

Bah ! tant pis ! Donne-moi ma canne,
Prends par la main le petit-fieu,
Et partons visiter Sainte-Anne,
La Mère-Grand de l'Enfant-Dieu !

Las ! ne faudrait point de la sorte
Bonjourer tous les biaux passants !
C'est que t'es encor ben accorte
Malgré tes soixante et deux ans !...

Ne ris point ! ne souris point, même :
Si je suis jaloux, c'est tant mieux !...
On n'est jaloux que tant qu'on aime,
Et l'on peut aimer... quoique vieux !

Or, malgré l'âge, ton bonhomme
T'estime encor par dessus tout :
Dam ! quoique ridée, une pomme
N'en garde pas moins son bon goût !

———

La Mer

et la Maman

———

LA MER ET LA MAMAN

Musique de JEAN VARNEY

LA MER
ET LA MAMAN

I

A Saint-Malo dessur les quais
CHŒUR : *A Saint-Malo dessur les quais*
Nous voilà tout frais débarqués ;
CHŒUR : *Nous voilà tout frais débarqués :*
Courons ben vite chez la Mère
Qui, depuis deux ans nous espère ;
Car, si l'on va gaîment sur Mer,
CHŒUR :   *Cric ! crac ! lonlaire !*
On rentre encor plus joyeusement
Chez la Maman !

II

Cousus par dessous nos tricots
CHŒUR : *Cousus par dessous nos tricots*
Nous avons nos petits magots !
CHŒUR : *Nous avons nos petits magots !*

Ho ! la Mère, emplissez vos poches :
Faut du pain pour les autres mioches !
Tout ce qu'on a gagné sur Mer

CHŒUR :   *Cric ! crac ! lonlaire !*
S'en retourne ben fidèlement
Chez la Maman !

III

Depuis le temps qu'on est partis
CHŒUR : *Depuis le temps qu'on est partis*
On a pris de fiers appétits :
CHŒUR : *On a pris de fiers appétits :*
Ma fi ! tant pis si l'on abuse !
Nous allons sécher la cambuse...
Car si l'on a faim, sur la Mer,
CHŒUR :   *Cric ! crac ! lonlaire !*
On se remplit la soute, gaîment,
Chez la Maman !

IV

Dans la maison, du haut en bas,
CHŒUR : *Dans la maison, du haut en bas,*
Amis, sonnons le branle-bas !
CHŒUR : *Amis, sonnons le branle-bas !*
Sortons du cellier les bouteilles,
En commençant par les plus vieilles !
On a bu de l'eau sur la Mer :
CHŒUR :   *Cric ! crac ! lonlaire !*
Buvons du cidre et du vin, gaîment,
Chez la Maman !

V *(plus lentement)*

Mais l'heure s'en vient, matelots,
CHŒUR : *Mais l'heure s'en vient, matelots,*

De rejoindre nos vieux lits-clos !
Chœur : *De rejoindre nos vieux lits-clos !*
Nous retournerons en campagne :
Reverrons-nous notre Bretagne ?
Avant de dormir dans la Mer
Chœur :   *Cric ! crac ! lonlaire !*
Dormons encor ben douillettement
Chez la Maman !

Petit à petit

PETIT
A PETIT

Musique de DÉSIRÉ DIHAU

I

Lorsque j'entends les doux murmures
De leurs printanières chansons,
Je vas guetter, sous les ramures,
Les fauvettes et les pinsons :
Avec la mousse, avec la laine,
Mêlant le brin d'herbe jauni,

Petit à petit
Dans le cœur du chêne,
Petit à petit
L'Oiseau fait son nid ! } *bis*

II

Le jouvenceau, la jouvencelle,
A l'aube de leurs dix-sept ans,
Comme l'oiseau, comme l'oiselle,
Frémissent quand vient le printemps.
N'est-ce pas Dieu Lui-même, en somme,
Qui les rassemble et les bénit ?
Petit à petit
Dans le cœur de l'homme,
Petit à petit
L'Amour fait son nid ! } *bis*

III

Mais la route est rude et cruelle
A qui veut gravir les sommets
Vers l'Idéal qui nous appelle
Et que nous n'atteignons jamais ;
Mille fois le sort nous assomme...
On se redresse à l'infini :
Petit à petit
Dans le cœur de l'homme,
Petit à petit
L'Espoir fait son nid ! } *bis*

IV

Enfin, un matin l'on s'étonne
Que tout soit de neige couvert :
On se croit à peine en automne
Que, déjà, l'on est en hiver !

Notre cœur dort son dernier somme...
Et puis notre esprit s'embrunit :
          Petit à petit
      Dans le corps de l'homme,
          Petit à petit
      La Mort fait son nid ! } *bis*

Les Oiseaux-présages

LES OISEAUX-PRÉSAGES

Musique de Désiré DIHAU

LES
OISEAUX
PRÉSAGES

I

Au printemps, la blonde Yvonnette
Épousa Yannik le marin :
Un beau rossignol en goguette
Vint roucouler dans leur jardin ;

Le rossignolet, jusqu'au jour,
En chantant : « Doux, doux ! l'amourette ! »
Le rossignolet, jusqu'au jour,
Doucement berça leur amour !

II

En été, quand un gros navire
Emporta Yannik... quel émoi !
Mais Yvonne, avec un sourire,
Songeait : « Il est fidèle à moi ! »

Sur son épaule, un vieux coucou
Qui chantait : « Coucou ! la cornette !
Sur son épaule un vieux coucou
Vint se reposer tout à coup !

III

Puis, quand vint le sinistre Automne,
Souvent Yvonne s'en allait
Écouter le flot monotone
Qui gémissait sur le galet :

Un jour, un triste goéland
Qui chantait : « Pleurez, la pauvrette ! »
Un jour, un triste goéland
Dit : « Ton homme est dans l'Océan ! »

IV

Trois mois d'Hiver, la jeune veuve
Pieds nus sur la grève courut ;

Et l'année était encor neuve
Quand la pauvre Yvonne mourut :

Le soir même, un affreux corbeau
Qui chantait : « Dodo ! j'ai la belle ! »
Le soir même, un affreux corbeau
Vint ricaner sur son tombeau !

V

Dieu, jugeant que la pauvre femme
Avait souffert assez, jadis,
Vite envoya quérir son âme
Par un oiseau du Paradis :

Yvonne a suivi l'oiseau bleu
Qui chantait la Vie éternelle;
Yvonne a suivi l'oiseau bleu
Dans la volière du Bon Dieu !

Par le Petit Doigt...

PAR LE PETIT DOIGT

(CHANSON ALTERNÉE)

Musique de Théodore BOTREL

I. JEAN-PIERRE

Quand tu revenais de classe
Tout le long du grand chemin,
Dès que je te voyais lasse
Vers toi je tendais la main
Et je te ramenais chez toi
En te tenant
Bien gentiment
Par le petit doigt,
Lonla, lonlaire,
Par le petit doigt,
Lonla ! } *bis*

II. YVONNE

Lorsque venait le dimanche
Tu mettais ton gilet bleu,
Je mettais ma coiffe blanche
Et nous aliions prier Dieu
Au vieux bourg de Saint-Jean-du-Doigt.
En nous tenant
Modestement
Par le petit doigt,
Lonla, lonlaire,
Par le petit doigt,
Lonla ! } *bis*

III. JEAN-PIERRE

Puis, aux bons soirs d'assemblée,
Après la moisson d'Août,
Nous dansions la Dérobée
Au son d'un gai biniou,
Et tu ne dansais qu'avec moi
En me tenant
Bien gentiment
Par le petit doigt,
Lonla, lonlaire,
Par la petit doigt,
Lonla ! } *bis*

IV. Yvonne

Mais, un vilain soir d'automne,
Mon Pierric part à Toulon
Disant : « Adieu, mon Yvonne,
Quatre ans... ça sera bien long ! »
Moi, j'avais l'âme en désarroi
　　Te retenant
　　Bien tristement
　Par le petit doigt,
　　Lonla, lonlaire,
　Par le petit doigt,　} bis
　　Lonla !

V. Jean-Pierre

Quatre ans passent, quoi qu'on dise,
Tant et si bien qu'un beau jour
Nous sortîmes de l Eglise
Tous les deux unis d'amour,
Le cœur empli d'un doux émoi,
　　En nous tenant
　　Bien fièrement
　Par le petit doigt,
　　Lonla, lonlaire,
　Par le petit doigt,　} bis
　　Lonla !

VI. Yvonne

Et nous voici père et mère
D un mignon petit enfant
Qui se traîne encore à terre
Quoiqu'il ait bientôt un an :
Il ne marche sans trop d'effroi
　　Qu'en nous tenant
　　Bien fortement
　Par le petit doigt,
　　Lonla, lonlaire,
　Par le petit doigt,　} bis
　　Lonla !

VII. Jean-Pierre

Il serait doux, il me semble,
Quand nous serons vieux, très vieux,
De fermer, tous deux ensemble,
Pour toujours nos pauvres yeux
Dans notre vieux lit-clos étroit,
    En nous tenant
    Bien doucement
  Par le petit doigt,
    Lonla, lonlaire,
  Par le petit doigt,
    Lonla !   } bis

VIII. Yvonne

Et nous dirons à Saint Pierre :
« Ouvre-nous vite les cieux !
Mais il faut prendre la paire
Ou nous refuser, tous deux,
Car nous voulons entrer chez Toi
    En nous tenant
    Bien gentiment
  Par le petit doigt,
    Monsieur Saint-Pierre,
  Par le petit doigt, } bis
    Lonla ! »

Pauv' 'tit Gâs !..

PAUV' 'TIT GAS !!!

Musique de THÉODORE BOTREL

I

Nul ne connut jamais son âge ;
Son nom ? ma foi, pas davantage ;
Sa famille ? il n'en avait pas :
On l'avait trouvé sur la plage...
Pauv' 'tit gâs !

II

Sans un tendre mot qui cajole,
Sans jamais aller à l'école,
Vêtu de trous du haut en bas,
Il poussa comme une herbe folle :
Pauv' 'tit gâs !

III

Lorsque la mer était mauvaise
Il chantait, le cœur plus à l'aise,
Gîté, malgré vents et frimas,
Dans un abri de la falaise :
Pauv' 'tit gâs !

IV

Dédaignant faucille et charrue,
De bonne heure il fut la recrue
D'un capitaine Terneuvas
Et s'en fut pêcher la morue !
Pauv' 'tit gâs !

V

Or, un soir, la vague en furie
Fait au vieux brick une avarie
Suffisant à le couler bas...
L'eau monte dans la « batterie » :
     Pauv' 'tit gâs !

VI

Et l'enfant s'offre en volontaire
Pour porter un filin à terre...
Mais la côte est ben loin, hélas !
Le « va et vient » va-t-il se faire ?
     Pauv' 'tit gâs !

VII

...Malgré les brisants et l'orage
Atteignit la côte à la nage

Et mourut, tant il était las...
Mais il sauva tout l'Equipage !...
     Pauv' 'tit gâs !

VIII

Plus que tous nos Héros célèbres
Il fut pleuré, dans les ténèbres,

Par les Marins disant tout bas
En guise d'oraisons funèbres :
    « Pauv' 'tit gâs !
    « Pauv' 'tit gâs !!! »

Grand'Maman Fanchon

GRAND'MAMAN FANCHON

Musique de THÉODORE BOTREL

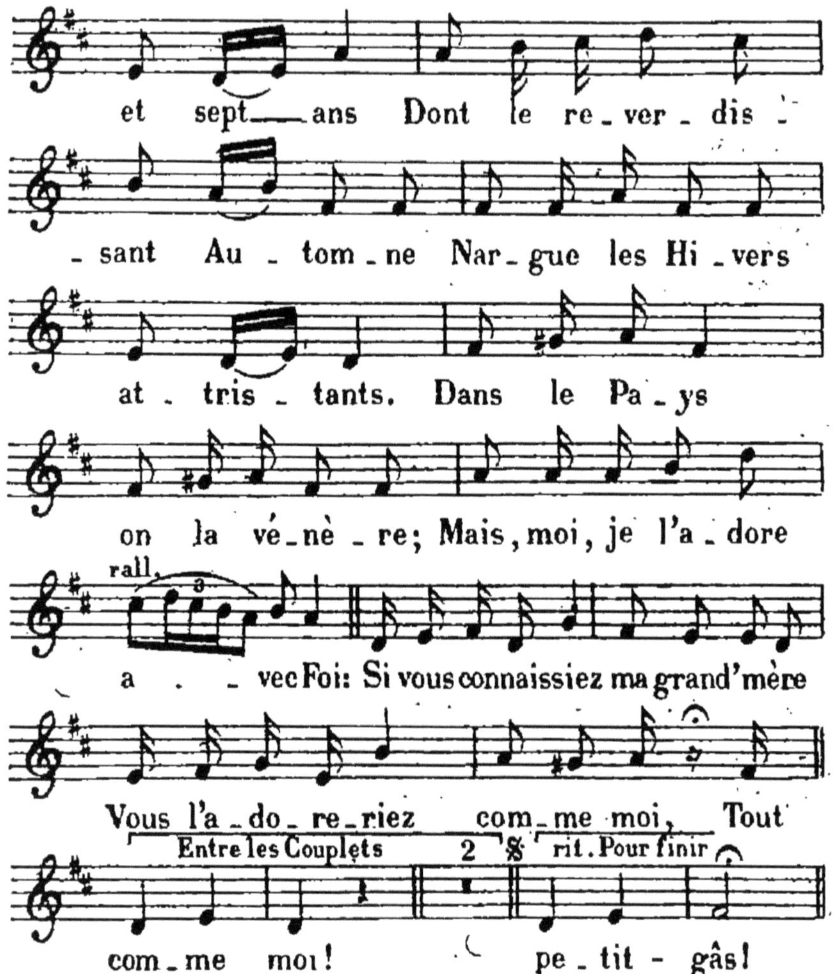

I

C'est une vaillante Bretonne
De près de soixante et sept ans,
Dont le reverdissant Automne
Nargue les Hivers attristants.
Dans le pays on la vénère;
Mais, moi, je l'adore avec foi :
Si vous connaissiez ma grand'mère,
Vous l'adoreriez comme moi,
Tout comme moi !

II

Quand je n'étais qu'un petit être,
Frêle bambin grand comme ça,
Dans mon petit berceau de hêtre
C'est grand'maman qui me berça.
Bien souvent, la soirée entière,
Elle chantait pour m'endormir :
Ce sont les chansons de grand'mère
Qui chantent dans mon souvenir,
Mon souvenir !

III

Ses bons yeux, couleur de pervenche,
Ont un clair regard si profond
Que lorsque vers eux l'on se penche
On croit voir son cœur... tout au fond.
Jamais un éclair de colère
N'en troubla la sérénité :
Ce sont les bons yeux de grand'mère
Qui m'ont appris la Charité,
La Charité !

IV

A la grand'messe, le Dimanche,
Oh ! qu'elle était jolie encor
Avec sa grande coiffe blanche,
Son justin noir et sa croix d'or !
Elle aimait dire sa prière
A côté de son petit-fieu :
J'ai tant vu prier ma grand'mère
Que, depuis lors, je crois en Dieu,
          Je crois en Dieu !

V

Mais, l'Heure ingrate étant venue,
Un soir d'Avril, je la quittai ;
Depuis, je ne l'ai pas revue...
Oh ! j'irai la voir... cet Été !
Mais, en entrant dans sa chaumière,
Quels remords pour moi, quels sanglots,
Si je ne trouvais plus grand'mère
M'espérant près de son lit-clos,
          Son vieux lit-clos !

VI

Mais, son cœur me restant fidèle
Dans la Mort comme au temps jadis,
Je suis bien certain que, près d'elle,
J'aurai ma place au Paradis
Où, l'Éternité tout entière,
Contre son vieux cœur, dans ses bras,
Ma très sainte et douce grand'mère
Pourra bercer son petit-gâs,
          Son petit-gâs !

Qué qu' t'as,

mon Gâs ?

———

Musique de THÉODORE BOTREL
Alltto
Quéqu' t'as, mon
gâs? T'as l'air tout cho_se, T'es point à flot
_? Toi qu'as toujours la mi_ne ro_se T'es tout pâ_
_lot_____! Toi, le plus rude et le plus
bra_ve Des ma_te_lots_ Tu pleures, la nuit, c'est donc
gra_ve? Dans ton lit-clos! Quéqu't'as, mon gâs, Dis voir qué_
_qu't'as_? Voyons, raconte à ton grand-père, T'as ben con_
al Coda
_fiance en lui, j'es_pè_re! Quéqu't'as, mon gâs? Dis voir qué_
2ᵉ Cᵗ
_qu't'as? Quéqu' t'as, mon gâs? Mon se_cret
CODA Dernier Couplet
ma_____: T'es un vrai gâs_____!!!

QUÉ QU' T'AS, MON GAS ?

I

— Qué qu' t'as, mon gâs ? t'as l'air tout chose :
        T'est point à flot ?
Toi, qu'as toujours la goule rose,
        T'es tout pâlot !
Toi, le plus rude et le plus brave
        Des matelots,
Tu pleures la nuit, — c'est donc grave ? —
        Dans ton lit clos !
        Qué qu' t'as, mon gâs ?
        Dis voir qué qu't'as !

Voyons, raconte à ton grand-père :
T'as ben confiance en lui, j'espère !
          Quéqu't'as, mon gâs ?
          Dis voir, quéqu't'as !
          Quéqu't'as, mon gâs ?

II

— Mon secret, tu veux le connaître :
          Espère un brin !
Pour la première fois, peut-être,
          J'ons du chagrin !
Tu sais, Jeanne, la fille aînée
          Au vieux Robin :
Depuis déjà plus d'une année
          Je l'aimions ben !

          — C'n'est qu'ça, mon gâs !
          C'est tout c'que t'as ?
T'es amoureux, la belle affaire !
Viens t'en trouver Jeanne et son père !
          Et lon lon la !
          Tu l'épouseras :
          T'es un biau gâs !

III

— Que nenni ! la chose est point faite :
          Ignorez-vous
Que les parents à la Jeannette
          Sont des grigous ?
Tandis qu'ils ont chez leur notaire
          Des tas d'argent,
Je suis le plus gueux de la terre :
          Un vrai Saint-Jean !

          — Eh ben ! mon gâs,
          T'as tes deux bras ;
T'as cœur vaillant et corps valide ;

T'as, de plus, un batiau solide :
        Tu trimeras !
        On n'en meurt pas,
        Mon pauv' 'tit gâs !

IV

— Un batiau ? Le Robin s'en fiche :
        Pour lui, c'est rien !
Il veut un gendre qui soit riche...
        Et soit... terrien ;
Comme il a moulin, champs et ferme,
        Bœufs et chevaux,
Lui faut un gendre l'aidant ferme
        Dans ses travaux !

        — Terrien !... mon gâs,
        Parle plus bas,
Car tu ferais pleurer ton père
S'il t'entendait de sous la terre
        Ah ! nom de d'là !
        Si tu fais ça...
        T'es plus not' gâs !!!

V

— Allons, grand-père, sois tranquille,
        Va, j'oublierai !
Mon cœur geint d'amour, l imbécile !
        Non de regret...
Mais j'ons encor l'humeur jalouse
        Quand j'aperçois
La coiffe à Jeanne auprès la blouse
        Du grand François !...

        — Eh ben ! mon gâs,
        La Mer est là !
Il faut l'aimer... et n'aimer qu'Elle
A ses galants elle est fidèle :
        Ell' t' consol'ra !
        Tiens... tope là :
        T'es un vrai gâs !!!

Au Parson

———

AU PARSON

Musique de YANN NIBOR
(*Reproduite avec son autorisation*)

6°

AU
PARSON

I

J'ai voulu revoir le logis
Que j'habitais avec Grand'Mère,
J'ai voulu revoir le logis
Que j'habitais au temps jadis ;
J'ai voulu revoir la maison,
La rustique et pauvre chaumière,
J'ai voulu revoir la maison
Que nous habitions au Parson.

II

C'est à la gauche du chemin
Qui traverse l'Ille-et-Vilaine,
C'est à la gauche du chemin
Qui mène au pays de Saint-Méen ;

Je l'ai quitté voilà longtemps,
Mais je l'ai reconnu sans peine,
Je l'ai quitté voilà longtemps,
Ce doux pays de mon printemps!

III

J'ai sauté, tout comme autrefois,
Sauté pour enjamber la douve,
J'ai sauté, tout comme autrefois,
Par dessus l'échalier de bois ;
J'ai reconnu le vieux courtil
Comme un vieil ami qu'on retrouve,
J'ai reconnu le vieux courtil
Tout baigné des rayons d'avril ;

IV

Et j'ai bonjouré le jardin
Et la maison couverte en chaume,
Et j'ai bonjouré le jardin
Dont vous ririez avec dédain...
Et j'ai fait lentement le tour
De mon ancien petit royaume,
Et j'ai fait lentement le tour...
Pleurant sur mon tardif retour ;

V

Car, hélas ! je n'ai plus trouvé,
Dans le coin de sa cheminée,
Car, hélas ! je n'ai plus trouvé
Celle qui m'avait élevé :
Elle avait fermé ses bons yeux
Deux jours avant mon arrivée,
Elle avait fermé ses bons yeux
Pour ne plus les rouvrir qu'aux Cieux !

VI

Et, tout secoué de sanglots,
J'ai tiré doucement la porte ;
Et, tout secoué de sanglots,
Sur le seuil j'ai gravé ces mots :
« *C est ici que gît le meilleur*
De ma Jeunesse à jamais morte,
C'est ici que gît le meilleur,
Le plus pur lambeau de mon cœur . »

VII

Adieu donc, cher petit Parson !
Adieu, pays de mon Enfance !
Adieu donc, cher petit Parson,
Vieux amis et vieille maison !
Votre gâs, demain, s'en ira
En exil, au pays de France,
Votre gâs, demain, s'en ira :
Seul, Dieu sait quand il reviendra !...

Les deux Gabiers

LES DEUX GABIERS

Musique de THÉODORE BOTREL

I

Il était un gabier de Misaine,
Il était un gabier d'Artimon :
L'un, né natif de Paris-sur-Seine,
L'autre, natif du pays Breton.

CHŒUR

Cric ! crac !
Tiens bon, gabier de Misaine !
Tiens bon, gabier d'Artimon !

II

Ils sont partis sur la « Melpomène »,
Voulant gagner un petit galon,
Sont allés voir la côte africaine,
Sont allés voir les « noirs » du Gabon...

(Chœur)

III

Mais, à Dakar, mis en quarantaine,
Gâs de Misaine et gâs d'Artimon,
Sans en rien dire à leur Capitaine,
Se sont glissés hors de l'entrepont !

(Chœur)

IV

Et les voilà chantant à voix pleine,
En sirotant du « raide et du bon »
A la santé des gâs de Misaine,
A la santé des gas d'Artimon !

(Chœur)

V

Mais dix Anglais à mine hautaine,
Mais dix marins du pays Saxon,
A cinq contre un, eurent le sans-gêne
De leur crier de baisser le ton !

(Chœur)

VI

Et l'on mit bas les tricots de laine,
Et l'on boxa les gâs de London
A coups de poings de par la bedaine,
A coups de pieds de par le bedon !

(Chœur)

VII

Chaque gabier, hardi ! se démène,
Tournant, cognant comme un vrai démon,
Si bien qu'enfin la bande, hors d'haleine,
Comme au Transvaal tourna les talons !

(Chœur)

VIII

Et l'on rentra sur la « Melpomène »,
Et l'on conta l'histoire au second :
On mit aux fers le gâs de Misaine,
On mit aux fers le gâs d'Artimon !

(Chœur)

IX

Huit jours après, leur veston de laine
Etait orné d'un double galon...
Voilà comment, sur la « Melpomène »
On se battait pour son pavillon ! ! !

(Chœur)

X

Et si jamais l'Angliche s'amène
Hardi ! les gâs ! Hardi ! Ya du bon !
Le même cri de mortelle haine
S'élèvera de Brest à Toulon :

CHŒUR

Cric ! crac !
Tiens bon, gabier de Misaine !
Tiens bon, gabier d'Artimon !...

Le Couteau

LE COUTEAU

Musique de THÉODORE BOTREL

I

— « Pardon, Monsieur le Métayer,
Si, de nuit, je dérange;
Mais, je voudrais bien sommeiller
Au fond de votre grange !

— Mon pauvre ami, la grange est pleine
        Du blé de la moisson :
Donne-toi donc plutôt la peine
        D'entrer dans la maison ! »

II

— « Mon bon Monsieur, je suis trop gueux ;
        Qué gâchis vous ferais-je !
Je suis pieds-nus, sale et boueux
        Et tout couvert de neige !
— Mon pauvre ami, quitte bien vite
        Tes hardes en lambeaux :
Pouille-moi ce tricot, de suite
        Chausse-moi ces sabots ! »

III

— « De tant marcher à l'abandon
        J'ai la gorge bien sèche :
Mon bon Monsieur, baillez-moi donc
        Un grand verre d'eau fraîche !
— L'eau ne vaut rien lorsque l'on tremble,
        Le cidre... guère mieux :
Mon bon ami, trinquons ensemble ;
        Goûte-moi ce vin vieux ! »

IV

— « Mon bon Monsieur, on ne m'a rien
        Jeté, le long des routes ;
Je voudrais avec votre chien
        Partager deux, trois croûtes !

— Si, depuis ce matin, tu rôdes,
    Tu dois être affamé :
Voici du pain, des crêpes chaudes,
    Voici du lard fumé ! »

V

— « Chassez du coin de votre feu
    Ce rôdeur qui n'en bouge :
Êtes-vous " Blanc " ? êtes-vous " Bleu " ?
    Moi, je suis plutôt " Rouge " !
— Qu'importent ces mots : République,
    Commune ou Royauté :
Ne mêlons pas la Politique
    Avec la Charité ! »

VI

Puis, le Métayer s'endormit,
  La mi-nuit étant proche...
Alors, le vagabond sortit
  Son couteau de sa poche,
L'ouvrit, le fit luire à la flamme,
  Puis, se dressant soudain,
Il planta sa terrible lame
  Dans... la miche de Pain !

VII

Au matin-jour, le gueux s'en fut,
  Sans vouloir rien entendre...
Oubliant son couteau pointu
  Au milieu du Pain tendre...

. . . .

Vous dormirez en paix, ô Riches !
  Vous et vos Capitaux,
Lorsque les gueux auront des miches
  Où planter leurs couteaux !!!

Il était un

petit Navire !...

———————

IL ÉTAIT UN PETIT NAVIRE !...

Musique de
Désiré DIHAU

Allegretto

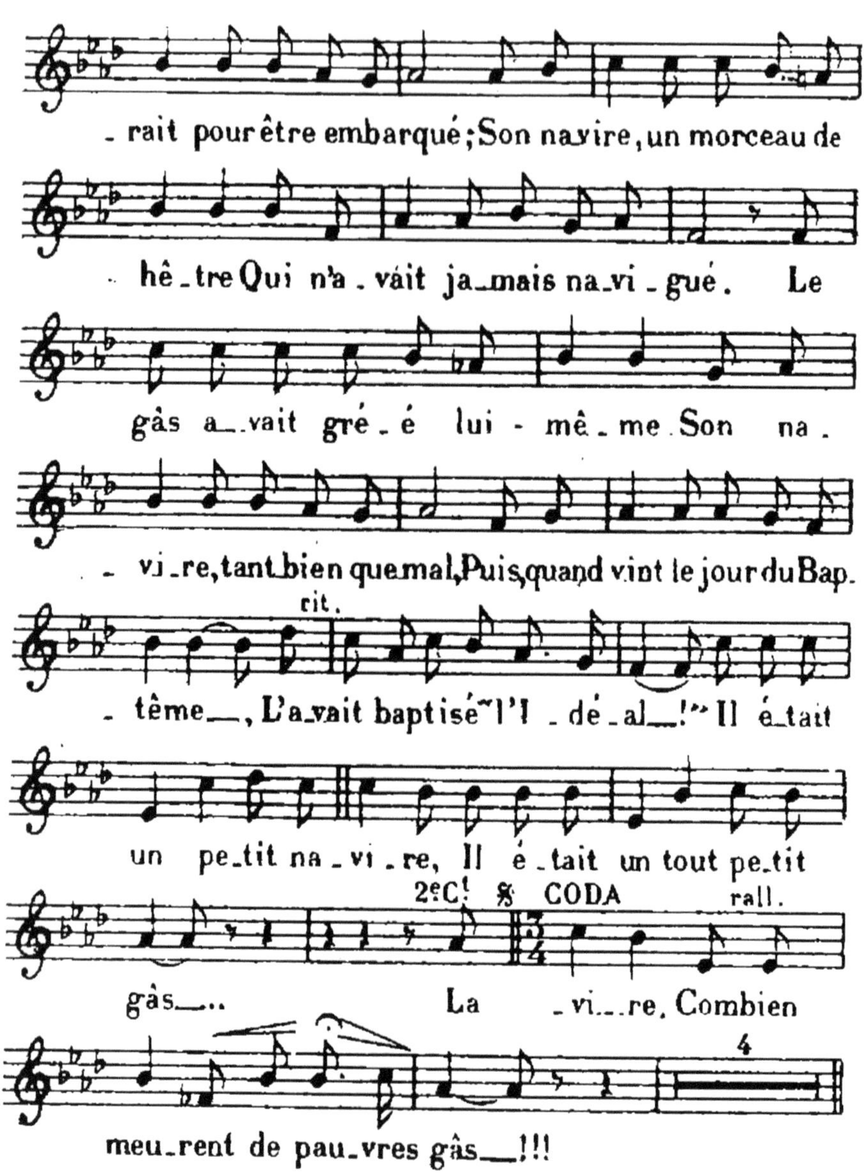

I

Il était un petit navire...
Il était un tout petit gâs !
Le gâs était un petit être
Qui pleurait pour être embarqué ;
Son navire, un morceau de hêtre
Qui n'avait jamais navigué...

Le gâs avait gréé lui-même
Son navire, tant bien que mal,
Puis, quand vint le jour du baptême,
L'avait baptisé : " l'IDÉAL "!...

Il était un petit navire...
Il était un tout petit gâs !

II

Le gâs, tout le long de la grève,
Suivait son navire en rêvant,
En rêvant au pays du Rêve
Dont on lui parlait trop souvent...
Mais, un jour, la Vague démente
Emporta le frêle bateau :
Sans prendre garde à la Tourmente
Le petit gâs entra dans l'eau...

Il était un petit navire...
Il était un tout petit gâs !

III

Et, depuis lors, sans paix ni trève,
Le navire et le petit gâs
Voguent vers le pays du Rêve,
L'un serrant l'autre dans ses bras...
Du petit gâs ne faut point rire,
Amis; nous mourons de son Mal :
Chaque jour un de nous chavire
En courant après l'IDÉAL !

Pour le même petit Navire
Combien meurent de pauvres gâs!

Le Noël

des Bergers

———

LE NOËL DES BERGERS

Musique de THÉODORE BOTREL

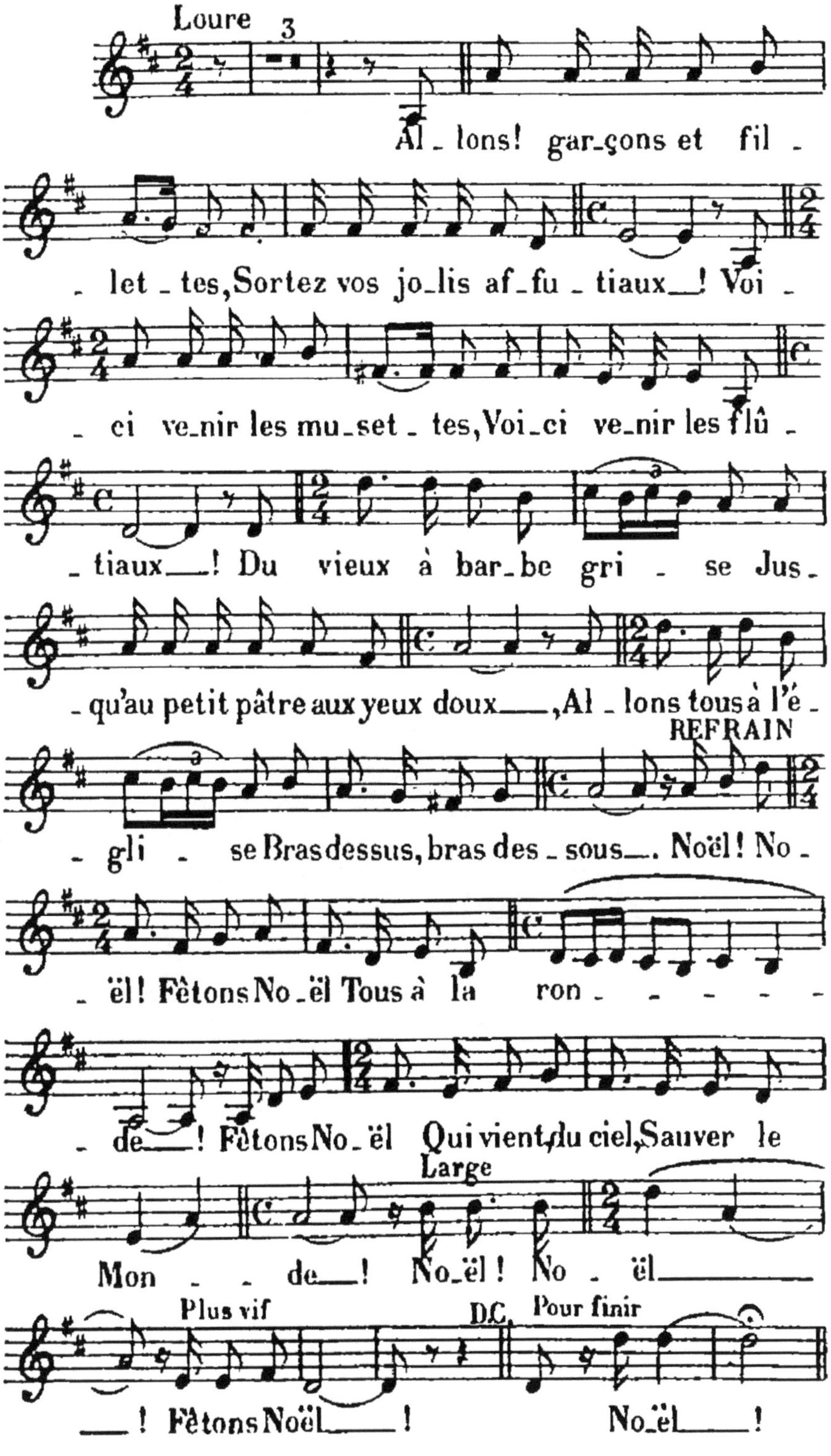

II

C'est par une Nuit semblable,
Voilà dix-neuf cents ans et plus,
Qu'au fond d'une pauvre étable
Naquit le Seigneur Jésus !
Allons ! bergers, bergères,
Le long des bois et des vergers
Suivons, comme nos Pères,
L'étoile des bergers !   *(au Refrain).*

III *(ad lib.)*

Émus par tant de mystère,
De minuit jusqu'au matin-jour
Les cieux, les flots et la terre
Poussent des soupirs d'Amour !
Allons, les amoureuses,
Tendez vos fronts à vos promis :
Par des Nuits tant heureuses
Les baisers sont permis ! *(au Refrain).*

IV

Revenus près de nos bêtes,
Après la Messe de Minuit,
Nous mangerons des galettes
Et nous boirons du vin cuit ;
Puis, dans un chœur immense,
Nous dirons nos chants les plus beaux,
En marquant la cadence
A grands coups de sabots ! *(au Refrain).*

Les Sabots

de Jésus

LES SABOTS DE JÉSUS

Musique de MISTI

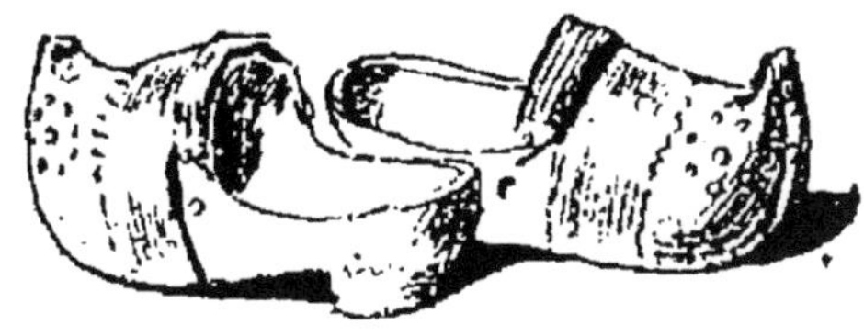

LES SABOTS DE JÉSUS

I

Pour son petit gâs Jean-Pierre,
Le sabotier de chez nous
Tailla, la saison dernière,
Deux sabots, deux vrais bijoux,
Tels que jamais sabotier
N'en fît dans le monde entier :

Toc, toc, toc, et don dondaine,
Ils étaient si blancs, si beaux
Les petits sabots de frêne,
  Les jolis petits sabots !

II

Parents, tremblez en cachette
Si vos gâs sont trop jolis,
Car le Seigneur-Dieu les guette
Pour orner son Paradis :
Ainsi prit-Il, sans pitié,
Le garçon du sabotier :

Toc, toc, toc, et don dondaine,
On cloua dans le tombeau
Les petits sabots de frêne,
    Les jolis petits sabots !

III

Or, un beau soir qu'à la Vierge
Tenant Jésus dans ses bras
Il faisait brûler un cierge
Pour l'âme du petit gâs,
Celui qui pleurait son fieu
Vit aux pieds de l'Enfant-Dieu :

Toc, toc, toc, et don dondaine,
Comme autrefois, blancs et beaux,
Les petits sabots de frêne,
    Les jolis petits sabots !

IV

Et Jésus, avec mystère,
Dit au pauvre sabotier :
« Lorsque je m'en vins sur terre
A Noël, le mois dernier,
Pierric m'a dit : « Bon Jésus,
« Il neige et tes pieds sont nus...

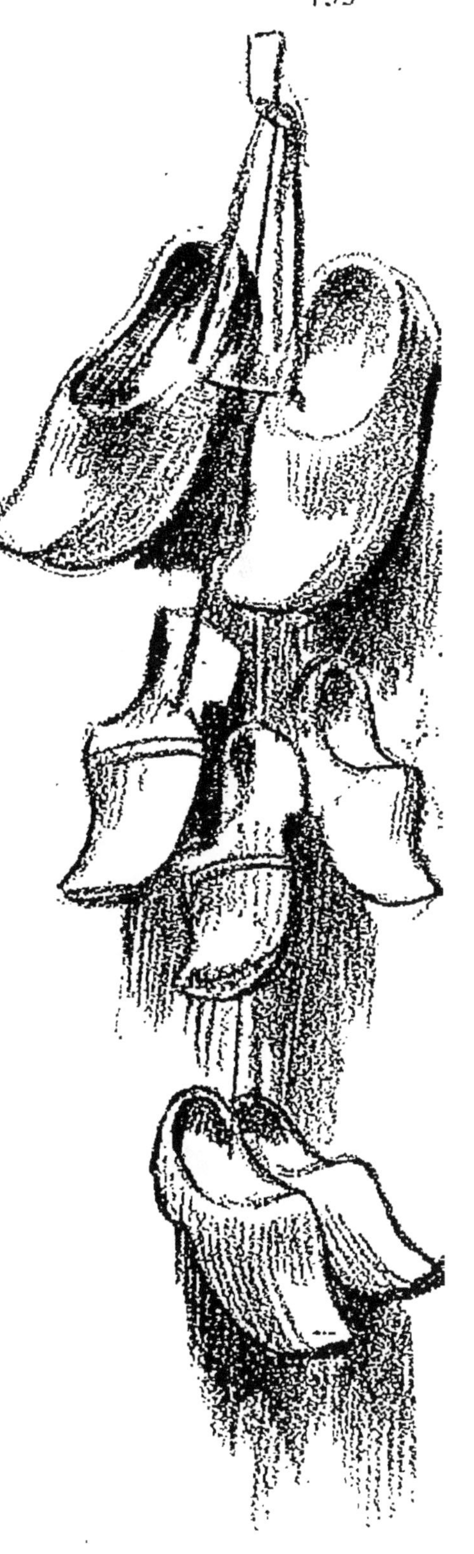

« *Toc, toc, toc, et don dondaine,*
« Prends donc mes sabots si beaux !... »
J'ai pris les sabots de frêne :
    Ton gâs m'en a fait cadeau ! »

La Moussaillonne

LA MOUSSAILLONNE

I

Le long des Côtes de la France,
Il est des gamins par milliers
Ayant dans le cœur l'assurance
D'être un jour de fameux gabiers ;
Mais, en attendant l'âge, on rôde
Des Aurores jusqu'aux Couchants
Et l'on fait un peu la maraude
Dans les vergers et dans les champs !

REFRAIN

Hardi ! hardi ! les moussaillons,
Espoir de nos vieux pavillons !
Les pommes sont mûres,
Grimpez aux ramures !

Ohé ! les mousses ! grimpez ! grimpez !
Vous grimperez dans les huniers
Quand vous serez gabiers !
      Ohé !
      Ohé !

II

Pour emplir la huche et la tonne,
Le mousse bat le sarrazin,
Récolte et vendange en Automne
La Pomme à cidre ou le Raisin ;
Puis il goûte au jus de la pomme,
Au vin clair ou bien au vin bleu :
Ah ! puisse-t-il, le petit homme,
Ne goûter jamais l'Eau-de-feu !

REFRAIN

Hardi ! hardi ! les moussaillons,
Espoir de nos vieux pavillons !
    Buvez par Verrées
    Les liqueurs sacrées.
Ohé ! les mousses ! buvez ! buvez !
Vous en boirez des pots entiers
Quand vous serez gabiers !
      Ohé !
      Ohé !

III

Par les falaises, par les sentes,
Dans les blés ou dans les maïs,
Ils ont des amours innocentes
Avec les filles du Pays ;
Mais, déjà, garçons et garçailles
Sont tyranniques et jaloux
Et ce sont de rudes batailles...
Où les filles ont le dessous !

REFRAIN

Hardi ! hardi ! les moussaillons,
Espoir de nos vieux pavillons !
   Cognez sur les filles
   Laides ou gentilles !...
Ohé ! les mousses ! cognez ! cognez !
C'est vous qui serez à leurs pieds
Quand vous serez gabiers !
      Ohé !
      Ohé !

IV

Enfin ! c'est l'Heure désirée :
Mousse ! prends tes sacs et va-t-en !
Quitte la Famille éplorée :
Le Devoir est là qui t'attend !
Dis à ton chagrin de se taire,
Ris à ta mère en l'embrassant :
Tu n'étais qu'un fils de la Terre,
Te voilà fils de l'Océan !

REFRAIN

Hardi ! hardi ! les moussaillons !
Voici que nous appareillons !
   Embrassez vos mères
   Sans larmes amères !
Adieu, les mousses ! partez ! partez !
Vous reviendrez dans vos foyers
Quand vous serez gabiers !
      Ohé !
      Ohé !

Gomprenan Ket ! [1]

---

(1) *Traduction :* Je ne comprends pas.

GOMPRENAN KET !...

(CHANSON BILINGUE)

Musique recueillie par Théodore BOTREL

GOMPRENAN KET !...

LE FILS

Après vingt ans passés en France,
Me voici de retour chez nous ;
Voici ma Mère qui s'avance :
Maman, me reconnaissez-vous ?

LA MÈRE

Gomprenan ket
Ar Gallek :
Préguet, préguet
Brezonnek !   (1)

LE FILS

Vingt ans, j'ai connu la misère
Là-bas, en pays étranger,
L'Avenir sera plus prospère,
C'est pourquoi je viens vous chercher !

LA MÈRE : *Gomprenan ket... etc.*

(1) TRADUCTION : « Je ne comprends pas le français :
Parlez, parlez breton ! »

LE FILS

Nous allons aujourd'hui, j'espère,
Être un peu tertous réunis :
Comment vous portez-vous, ma mère ?
Et les parents ? Et les amis ?

LA MÈRE : *Gomprenan ket... etc.*

LE FILS

Pour l'Angelus, de proche en proche,
Les Cloches vont à l'unisson...
On a donc changé notre Cloche ?
Je n'en reconnais plus le son !

LA MÈRE : *Gomprenan ket... etc.*

LE FILS

Où donc est la petite Yvonne
Que j'adorais au temps jadis ?
Vit-elle encore, la mignonne,
Ou bien est-elle au Paradis ?

LA MÈRE : *Gomprenan ket... etc.*

LE FILS

Ah ! voici notre vieux Calvaire :
Vous priez ? Moi je ne sais plus...
Las ! pourquoi ce regard sévère
Que vient de me lancer Jésus ?

LA MÈRE : *Gomprenan ket... etc.*

LE FILS

Mais voici notre vieille Ferme
Si pauvre de la base au toit !
Qu'est-ce donc ? Sa porte se ferme !
Ne veut-elle donc plus de moi ?

LA MÈRE : *Gomprenan ket... etc.*

LE FILS

Hélas ! mon Dieu, qu'allons-nous faire ?
Qu'allons-nous devenir, hélas ?
Le gâs ne comprend plus sa mère,
La mère n'entend plus son gâs !

LA MÈRE : *Gomprenan ket... etc.*

LE FILS

Adieu, Bretagne ! Adieu, ma mère !
Je vous fais d'éternels adieux :
J'ai perdu le Bonheur sur terre
Avec le Parler des Aïeux !

ENSEMBLE

LA MÈRE	LE FILS
Gomprenan ket Ar Gallek : Préguet, préguet Brezonnek !	Restons, restons Au Pays, Restons Bretons, Mes amis !

La Croix de Grève

LA CROIX DE GRÈVE

Air recueilli
par Théodore BOTREL

I

A Saint-Michel en Grève,
Dans la grève il y a
Une Croix qui s'y lève
Depuis mille ans déjà :
Elle est là qui regarde
La Mer, en la bravant,
Comme un marin de garde
Sur le gaillard d'avant !

II

Mais, à chaque marée,
L'Océan furieux
Couvre la Croix sacrée
Et la cache à nos yeux :
Le Breton, sur la Lieue [1],
Est en danger de mort
Dès que la vague bleue
Cache la Croix d'Armor !

---

(1) La Grève de Saint-Michel se nomme « La Lieue de Grève ».

III

Ainsi dans ce bas monde
Sans crainte nous allons :
Pourtant l'orage gronde ;
Il est sur nos talons !
O Monde ! en vain tu beugles :
Je vois la Croix, là-bas...
Mais malheur aux Aveugles
Qui ne la verront pas ! ! !

LA SABOTIÈRE

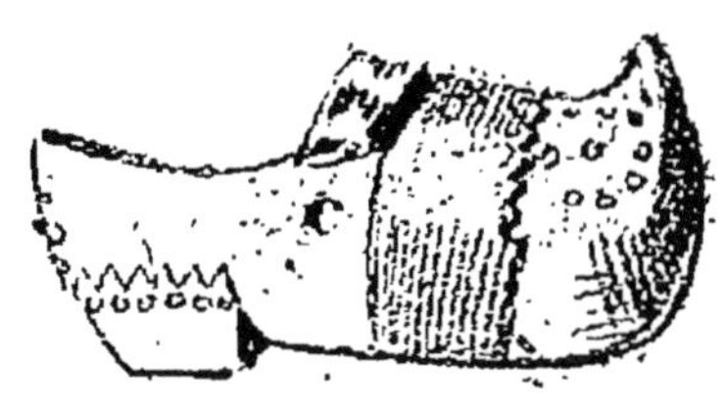

Musique de Théodore BOTREL

I

Amis, choquons en cadence
Nos sabots, petits et gros,
Car voici que je commence
La chanson des vieux sabots ;
Fendus comme des pois-chiches,
Mes sabots ne sont point beaux :

REFRAIN *(en chœur)* :

Clic ! clac ! clic ! clo !
Mes sabots ne sont point riches...
Mais je suis dans mes sabots !
Oh ! oh ! oh ! oh !

II

Les sabotiers de Fougères
Les taillent dans la forêt ;
Les paroirs et les terrières
Virevoltent sans arrêt :
Leur en faut gagner des miches
Pour nourrir tous leurs marmots !

Clic ! clac ! clic ! clo !
Mes sabots ne sont point riches...
Mais je suis dans mes sabots !
Oh ! oh ! oh ! oh !

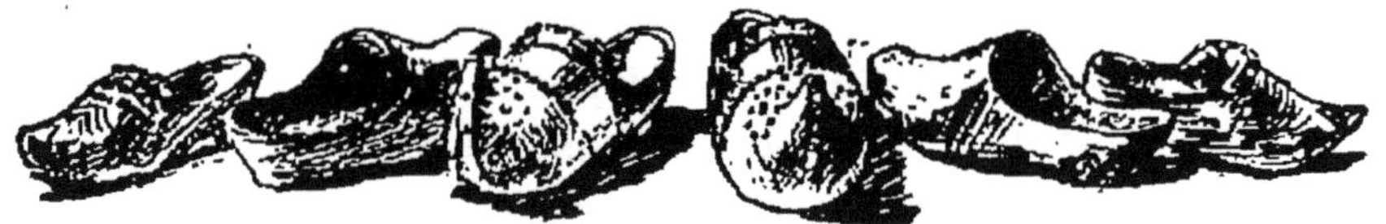

III

On sait ce que l'on achète ;
On sait où l'on met ses pieds :
C'est du bon cuir de brouette,
Du vrai cuir de châtaigniers,
Pour aller, le long des friches,
Mener paître mes troupeaux,

Clic ! clac ! clic ! clo !
Mes sabots ne sont point riches...
Mais je suis dans mes sabots !
Oh ! oh ! oh ! oh !

IV

Mon père ainsi que son père,
Comme aussi tous leurs aïeux,
En usaient plus d'une paire...
Et ne s'en portaient que mieux :
Ce sont presque des fétiches,
Ces « écraseurs de crapauds ! »

Clic ! clac ! clic ! clo !
Mes sabots ne sont point riches...
Mais je suis dans mes sabots !
Oh ! oh ! oh ! oh !

V

Ils nous font le pied rapide
Pour arpenter nos vieux champs ;
Ils sont une arme solide
Pour assommer les méchants ;
Légères comme des biches
Ils font sauter nos Margots !

Clic ! clac ! clic ! clo !
Mes sabots ne sont point riches...
Mais je suis dans mes sabots !
Oh ! oh ! oh ! oh !

VI

Parfois, un de nos gâs tâche
De se faire un pied pointu :
Il se traîne comme un lâche,
Il boîte à pied-que-veux-tu !
Serons-nous assez godiches
Pour imiter ces nigauds ?

Clic ! clac ! clic ! clo !
Mes sabots ne sont point riches...
Mais je suis dans mes sabots !
Oh ! oh ! oh ! oh !

VII

Pour réussir à la Ville,
Faut singer les élégants ;
Il faut faire l'imbécile :
Mettre des souliers, des gants !
T'as raison si tu t'en fiches,
Mon gâs ; vivons en repos :

Clic ! clac ! clic ! clo !
Nos sabots ne sont point riches...
Mais nous sons dans nos sabots !!!
Oh ! oh ! oh ! oh !

La Messe

en Mer

———

LA MESSE EN MER

(1793)

Musique de Théodore BOTREL

I

Mais, comment ferez-vous, l'abbé ?
Ma Doué ! (1)
Mais, comment ferez-vous, l'abbé,
Pour nous dire la Messe ?
— Lorsque le soir sera tombé
Je tiendrai ma promesse !

---

(1) Mon Dieu

II

Mais, comment ferez-vous, l'abbé ?
Ma Doué !
Mais, comment ferez-vous, l'abbé :
Votre Eglise est en cendre !
— Vers l'Océan je descendrai :
Voulez-vous y descendre ?

III

Mais, comment ferez-vous, l'abbé ?
Ma Doué !
Mais, comment ferez-vous, l'abbé :
Nul autel ne s'y lève !
— Sur un bateau j'officierai :
Vous serez sur la grève !

IV

Mais, comment ferez-vous, l'abbé ?
Ma Doué !

Mais, comment ferez-vous, l'abbé,
Sans nappe en fine toile ?
— Notre Doux Seigneur poserai
Sur un morceau de voile !

V

Mais, comment ferez-vous, l'abbé ?
Ma Doué !
Mais, comment ferez-vous, l'abbé,
Sans chandelles, sans cierges ?
— Les Astres seront allumés
Par Madame la Vierge !

VI

Mais, comment ferez-vous, l'abbé ?
Ma Doué !
Mais, comment ferez-vous, l'abbé,
Sans enfant de maîtrise ?
— Pour bel enfant de chœur j'aurai
Un vieux à barbe grise !

VII

Mais, comment ferez-vous, l'abbé,
Ma Doué !
Mais, comment ferez-vous, l'abbé,
Sans chantre à la voix large ?
— Pour me répondre au *Kyrie*
J'aurai le Vent du Large !

VIII

Mais, comment ferez-vous, l'abbé,
Ma Doué !

Mais, comment ferez-vous, l'abbé.
  Sans vos orgues absentes ?
— Jésus touchera le clavier
  Des Vagues mugissantes !

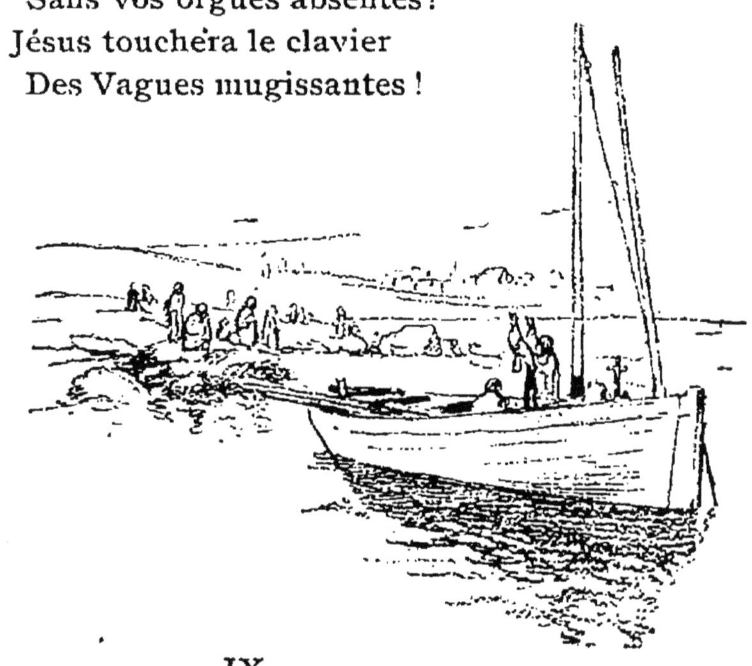

IX

Mais, comment ferez-vous, l'abbé,
  Ma Doué !
Mais comment ferez-vous l'abbé,
  Si l'Ennemi vous trouble ?
— Une fois je vous bénirai :
  Les Bleus bénirai double !

X

Mais, de vous massacrer, l'abbé,
  Ma Doué !
Mais, de vous massacrer, l'abbé,
  Ils auraient ben l'audace !
— Bah ! dans le ciel je monterai
  Préparer votre place !

La Basse-Bretonne

LA BASSE-BRETONNE

Musique recueillie par THÉODORE BOTREL

LA BASSE-BRETONNE

I

Ecoutez, jeunes marmailles
Du joli pays d'Arvor :
Ceux de Vanne et de Cornouailles,
Du Léon et du Trégor,
Ecoutez, belles Yvonnes,
Petits Yanns, petits Yvons :

Gai, gai, gai !
Restez Bretonnes !
Bon, bon, bon !
Restez Bretons !

II

Conservez vos robes faites
Moitié drap, moitié velours,
Tabliers et collerettes,
Devantiers brodés à jour ;
Gardez vos coiffes mignonnes,
Vos chupens, vos chapeaux ronds :

Gai, gai, gai !
Restez Bretonnes !
Bon, bon, bon !
Restez Bretons !

III

Retenez bien les légendes
Que diront ceux de jadis
Autour des bons feux de landes
Allumés dans vos logis,
Leurs complaintes monotones
Et leurs joyeuses chansons :
> *Gai, gai, gai !*
> *Restez Bretonnes !*
> *Bon, bon, bon !*
> *Restez Bretons !*

IV

Gardez-vous des folles danses
Qu'on importe on ne sait d'où ;
N'écoutez que les cadences
Du hautbois et du biniou ;
Les vieilles danses sont bonnes :
Jabadaos et rigodons !
> *Gai, gai, gai !*
> *Restez Bretonnes !*
> *Bon, bon, bon !*
> *Restez Bretons !*

V

Conservez dans vos chaumières,
Le respect des grands Aïeux ;
Soyez forts comme vos Pères
Et soyez chrétiens comme eux :
Priez vos saintes Patronnes
Et priez vos saints Patrons.
> *Gai, gai, gai !*
> *Restez Bretonnes !*
> *Bon, bon, bon !*
> *Restez Bretons !*

VI

N'oubliez jamais la Langue
De nos grands Bardes sacrés ;
Comme un brick qui roule et tangue
Vous seriez désemparés !
Laissez aux barons, baronnes,
Le parler des beaux salons.
> *Gai, gai, gai !*
> *Restez Bretonnes !*
> *Bon, bon, bon !*
> *Restez Bretons !*

VII

Voulez-vous suivre la route
Que je viens de vous tracer ?
— Ne buvez jamais la « goutte »
Que Satan vient nous verser :
Mais videz, gaîment, les tonnes
Du cidre de vos cantons :
Gai, gai, gai !
Restez Bretonnes !
Bon, bon, bon !
Restez Bretons !

VIII

Petits gâs, pleins de vaillance,
Vivons et mourons gaîment
Pour l'Arvor et pour la France :
La Grand'Mère et la Maman !...
Et, pour finir la romance,
A pleins poumons répétons :
Gai, gai, gai !
Vive la France !
)Bon, bon, bon !
Vivent les Bretons !

Fume ta pipe,

mon Gâs !...

———

FUME TA PIPE, MON GAS !

I

Assis au coin de notre âtre
Tu soupires, mon enfant :
La Vie est une marâtre
Qui nous chagrine souvent !
Mais, tu peux m'en croire, il est sage
De la souffrir avec courage...
Allons, ne te chagrine pas !
Pour si peu ne soupire pas
    Et fume ta pipe,
      Gai lon la !
    Et fume ta pipe,
      Mon gâs !

Alltto non troppo
3
As_sis. au coin de notre
â _ tre___Tu sou _pi_res, mon en_fant___: La vie
est u _ ne ma _ râ _ tre___ Qui nous
cha_gri_ne sou_vent! Mais, tu peux m'en croire, il est
rall.
sa_ge De la souf_frir a_vec cou_ra_
a Tempo
_ge... Allons, ne te cha_gri_ne pas! Pour si
Lento
peu ne sou_pi_re_ pas___ Et
REFRAIN Gaiement
fu_me ta pi_pe, gai lon la___! Et
fu_me ta pi_pe, mon gâs!

II

Tu te plains que la Fortune
Soit ingrate à mes vieux jours
Et que, de l'aube à la brune,
Il faille trimer toujours !
Bah ! quand on a la barbe grise
D'être gueux l'habitude est prise...
Allons, ne te chagrine pas !
Pour si peu ne me plains donc pas

      Et fume ta pipe,
         Gai lon la !
      Et fume ta pipe,
         Mon gâs !

III

Toi, la Naïveté même,
Tu te plains du Député
Qui nous trompe et qui blasphème
Le Saint-Nom de : " Liberté "
Aux beaux parleurs faisant la nique,
Moque-toi de la politique...
Allons ne te chagrine pas !
Pour si peu ne t'étonne pas

      Et fume ta pipe,
         Gai lon la !
      Et fume ta pipe,
         Mon gâs !

IV

Quand sur la terre nous sommes
Tous déjà si malheureux,
Tu te plains de voir les hommes
S'entre-dévorer entre eux !
Dieu Lui-même, comme nous autres,
Fut renié par ses Apôtres...
Allons, ne te chagrine pas !
Pour si peu ne t'assombris pas

      Et fume ta pipe,
         Gai lon la !
      Et fume ta pipe,
         Mon gâs !

V

Tu te plains que la Germaine
A qui tu t'étais promis
T'ait trahi l'autre semaine
Avec l'un de tes amis !
Pour te venger de l'infidèle
Cherche, ben vite, une autre belle...
Allons, ne te chagrine pas !
Pour si peu ne pleure donc pas

    Et fume ta pipe,
      Gai lon la !
    Et fume ta pipe,
      Mon gâs !...

VI

La Douleur, l'Amour, la Haine,
La Pipe endort tout souci !...
Je te léguerai la mienne
Qui te redira ceci :
Crains toujours Dieu, travaille et prie !
Aime ta Douce et ta Patrie !
Sois bon, sois fier... puis, sans tracas,
Attends, comme moi, le Trépas

    En fumant ta pipe,
      Gai lon la !
    En fumant ta pipe,
      Mon gâs !...

Le Tricot de laine

LE TRICOT DE LAINE

Musique de Théodore BOTREL

LE TRICOT
DE LAINE

I

Malgré le grand vent
Qui gronde sans trêve,
Léna Le Morvan
S'en vient à la grève,
S'en vient en chantant
Une cantilène,
Tout en tricottant
Un beau gilet de laine.

II

Son « point » de tricot,
Connu d'elle seule,
Lui vient de Margot,
Sa défunte aïeule :

Et son « homme », un fier
Et beau capitaine,
Mettra, cet hiver,
Ce beau gilet de laine !

III

Sur un bâtiment
De pêche il commande…
Mais, en ce moment,
Il revient d'Islande.
« Jamais reprisé,
« Huit mois à la peine,
« Qu'il doit être usé
« Son vieux gilet de laine ! »

IV

La Mer aujourd'hui
A l'air de lui dire :
« J'amène celui
« Que ton cœur désire… »
Songeant au retour,
La joyeuse Hélène
Met tout son amour
Dans son tricot de laine !

V

Près d'elle, soudain,
L'Océan qui bave
Jette, avec dédain,
Une horrible épave :
C'est un naufragé
Recouvert à peine
D'un « ciré » rongé…
Et d'un tricot de laine !

VI

Jetant son tricot
Dans la Mer menteuse,
Avec un sanglot
Meurt la tricotteuse :
Sur le corps mi-nu
Que la vague amène
Elle a reconnu
Son vieux tricot de laine!!!

Les Petits Sabots

LES
PETITS SABOTS

LES PETITS SABOTS

Musique de THÉODORE BOTREL

I

Les petits sabots des petits Bretons,
Petites Bretonnes,
Chantent des chansons en différents tons
Jamais monotones :
Toc, toc,
Petits sabots, chantez, chantez,
Toc, toc,
Comme des sabots enchantés !
Toc, toc, toc, toc,
Oh ! oh ! oh ! oh !
Chantez, petits sabots !

II

Les petits sabots des petits Bretons,
S'en vont à l'Ecole ;
Ils dansent en rond, les jours de Pardons,
Une ronde folle :
Toc, toc,
Petits sabots, dansez, dansez,
Toc, toc,
Au rythme des chants cadencés !
Toc, toc, toc, toc,
Oh ! oh ! oh ! oh !
Dansez, petits sabots !

III

Les petits sabots des petits Bretons
Une fois l'année
S'alignent en rang, devant les tisons,
Dans la cheminée :
Toc, toc,
Petits sabots, jamais déçus,

Toc, toc,
« Espérez » le petit Jésus !
Toc, toc, toc, toc,
Oh ! oh ! oh ! oh !
Noël ! petits sabots !

IV

Chers petits sabots des petits Bretons,
Trop tôt l'on vous quitte :
Des petits Bretons les petits petons
Grandissent trop vite !
Toc, toc,
Petits sabots des bien-aimés,
Toc, toc,
Dans les greniers dormez, dormez !
Toc, toc, toc, toc,
Dodo ! dodo !
Dormez, petits sabots !

La Cloche d'Ys

LA CLOCHE D'YS

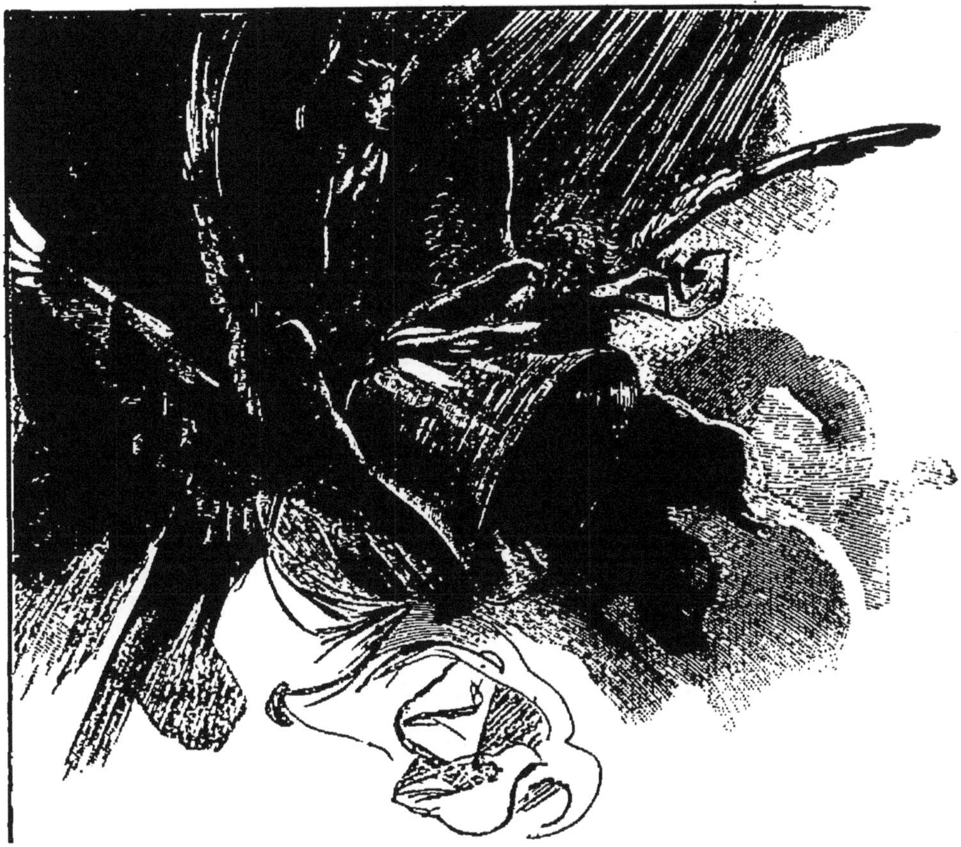

Musique recueillie par CH. DE SIVRY

I

Ys, la Ville Maudite,
Avait, dans son Clocher,
Une Cloche bénite
Qui pleurait son péché :

*Digue don, don daine,
Digue don, don dé !*

II

Les Anges l'ont, eux-mêmes,
Fondue et ciselée ;
Elle eut, à son baptême,
Le bon Saint Guénolé...

*Digue don, don daine,
Digue don, don dé !*

III

Pourtant, quand l'Insoumise
S'engloutit dans la Mé,
Avecque son église
Périt sa Cloche aimée !..

*Digue don, don daine,
Digue don, don dé !*

IV

Ne pleurant qu'Elle seule,
Le Saint, tout chagriné,
Réclama sa Filleule
Mille et trois cents années :

*Digue don, don daine,
Digue don, don dé !*

V

Fit à Dieu tels reproches
Tant et tant répétés
Que Dieu lui dit : « Ta Cloche,
« Vais la ressusciter :

Digue don, don daine,
Digue don, don dé !

VI

« C'est par sa Voix profonde
« Qu'un jour sera chanté
« Le " *TE DEUM* " du Monde
« Clamant sa Liberté !.. »

Digue don, don daine,
Digue don, don dé !

VII

... Cloche, sonne, sur l'heure,
Grande carillonnée !
Que nul de nous ne meure
Sans t'entendre sonner !..

Digue don, don daine,
Digue don, don dé !

VIII *(plus fort)*

Que ton glas tonne, roule,
Pleure un " *Miserere* "
Sur le Passé qui croule
Dans le matin doré !!

Digue don, don daine,
Digue don, don dé !!

IX *(à pleine voix)*

Que ton Chant retentisse
Pour la Nativité
D'une Ère de Justice
Et de Fraternité!!!

Digue don, don daine,
Digue don, don dé !!!

La Brume

LA BRUME

Musique de Théodore BOTREL

I

On ne voit ni le ciel ni l'eau,
On croit parler dans de la plume...
Ohé! va tout doux, matelot :
    Il brume!

II

Va s'agir de ben ouvrir l'œil
Pour voir si le phare s'allume...
Hé ! timonnier! gare à l'écueil :
    Il brume!

III

Au bout des huniers, le marin
Grelotte et ronchonne et s'enrhume...
Ohé! du gabier! veille au grain :
    Il brume !

IV

Ohé, là! du gâs d'artimon!
Sais-tu ce que c'est que la Brume?
— C'est la cheminée au Démon
    Qui fume!

V

Ohé! du misaine! sais-tu,
Sais-tu ce que c'est que la Brume?
— C'est-il pas du coaltar (1) fondu
Qu'on hume?

VI

Non, non, c'est le bon Dieu, plutôt,
Blasphèmé plus que de coutume,
Qui se cache dans son manteau
De Brume!!!

(1) Se prononce « Coltar ».

Aux Gâs d'Arvor !!!

AUX GÂS D'ARVOR !!!

(Toast).

I

Mes bons amis, percez la tonne
Pour que nous buvions un coup!
Le Cidre du dernier automne
A, paraît-il, un fameux goût :
Le pommier brave les gelées
Et se rit du vent d'hiver.
Bien vite emplissez les bolées
De porcelaine de Quimper.

Refrain

Du bon cidre qui mousse
Les pichets sont remplis ;
Embrassons notre douce
Et chantons le pays !
Buvons, buvons encor,
Buvons le cidre d'or
A la santé des gâs d'Arvor !..

II

Mes bons amis, buvons ensemble
Au souvenir des Aïeux,
A la santé du vieux qui tremble
Et de nos jolis petits fieux,
A tous ceux que la vague pousse
Loin du pays des lits-clos !
Amis, buvons au jeune mousse,
Buvons à nos chers matelots !..

(au Refrain).

III

A la santé de nos promises
Rêvant à leurs accordés,
Des mères dont les mêches grises
Auréolent les fronts ridés !
L'eau de feu nous prêche la haine
Et le cidre la bonté ;
Buvons à l'aurore prochaine
Du grand jour de Fraternité !..

(au Refrain).

Le Mouchoir rouge

de Cholet

(1793)

———

LE MOUCHOIR ROUGE DE CHOLET [1]

(1793)

Musique de THÉODORE BOTREL

---

(1) *La présente chanson et " La Messe en Mer ", bien que rappelant deux épisodes des guerres vendéennes (1793), n'ont aucun caractère politique.*
(N. D. L'ÉD.)

12*

I

J'avais acheté, pour ta fête,
Trois petits mouchoirs de Cholet,
Rouges comme la cerisette
Tous les trois, ma mie Annette :
Oh ! qu'ils étaient donc joliets
Les petits mouchoirs de Cholet...

II

Ils étaient là, dans ma poquette[1]
Dans mon vieux mouchoir blanc... si laid !..
Et chaque nuit, la Guerre faite,
Dans les bois, ma mie Annette,
En rêvant de toi, je rêvais
Aux petits mouchoirs de Cholet !

III

Les a vus, Monsieur de Charette,
Les voulut : je les lui donnai...
Il en mit un dessus sa tête,
Le plus biau, ma mie Annette :
C'était le plus fier des plumets
Le petit mouchoir de Cholet !

IV

Fit de l'autre une cordelette
Pour pendre son sabre au poignet ;
Fit du troisième une bouclette
Sur son cœur, ma mie Annette,
...Et tout le jour les Bleus visaient
Le petit mouchoir de Cholet !...

---

(1) Il désigne la poche intérieure gauche de sa veste.

V

Ont visé le cœur de Charette...
...Ont troué... celui qui t'aimait...
Et je vas mourir, ma pauvrette,
Pour mon Roy[1], ma mie Annette...
Et tu ne recevras jamais
Tes petits mouchoirs de Cholet !...

VI

Mais, qu'est-ce là, dans ma poquette ?
C'est mon vieux mouchoir blanc... si laid !

___

(1) *Variante :* Loin de toi, ma mie Annette...

Je te le donne pour ta fête,
Plein de sang, ma mie Annette :
Il est si rouge qu'on dirait
Un mouchoir rouge de Cholet !

Les Gâs
de Saint-Malo

———

LES GAS DE SAINT-MALO

Musique de Théodore BOTREL

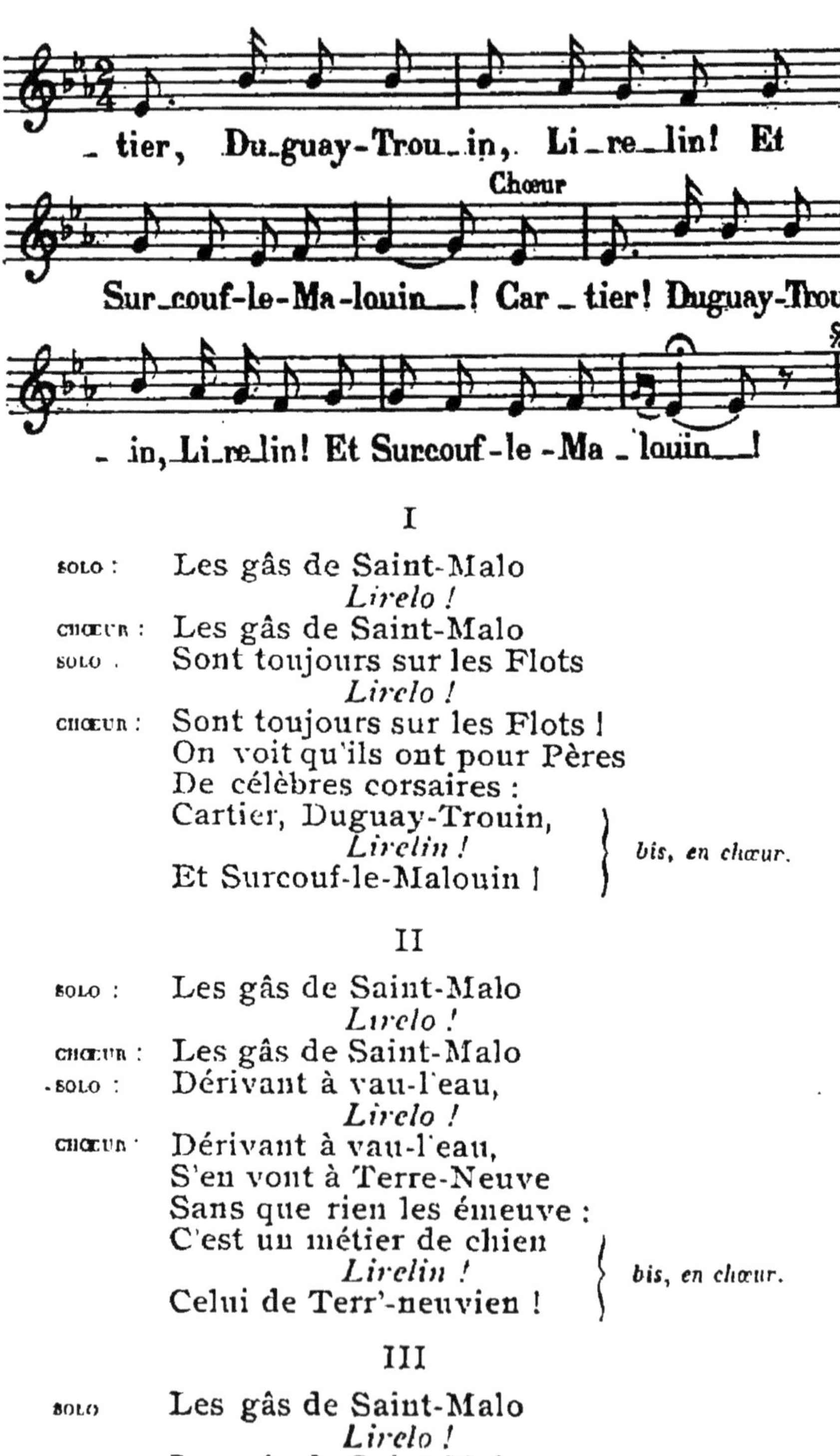

I

SOLO : Les gâs de Saint-Malo
Lirelo !
CHŒUR : Les gâs de Saint-Malo
SOLO . Sont toujours sur les Flots
Lirelo !
CHŒUR : Sont toujours sur les Flots !
On voit qu'ils ont pour Pères
De célèbres corsaires :
Cartier, Duguay-Trouin,
Lirelin !
Et Surcouf-le-Malouin !

} bis, en chœur.

II

SOLO : Les gâs de Saint-Malo
Lirelo !
CHŒUR : Les gâs de Saint-Malo
SOLO : Dérivant à vau-l'eau,
Lirelo !
CHŒUR Dérivant à vau-l'eau,
S'en vont à Terre-Neuve
Sans que rien les émeuve :
C'est un métier de chien
Lirelin !
Celui de Terr'-neuvien !

} bis, en chœur.

III

SOLO Les gâs de Saint-Malo
Lirelo !
CHŒUR : Les gâs de Saint-Malo

SOLO :   N'ont pas le front pâlot !
                 Lirelo !
CHŒUR :   N'ont pas le front pâlot !
           Grâce au Vent qui les hâle
           Ils n'ont pas ce teint pâle
           Couleur de « craquelins »
                 Lirelin !   } bis, en chœur.
           De Messieurs les Terriens !

IV

SOLO :   Les gâs de Saint-Malo
                 Lirelo !
CHŒUR :   Les gâs de Saint-Malo
SOLO :   N'ont jamais aimé l'eau ;
                 Lirelo !
CHŒUR :   N'ont jamais aimé l'eau.
           Le cidre on le préfère,
           Sans détester la bière
           Ni cracher sur le vin,
                 Lirelin !   } bis, en chœur.
           Surtout quand il est fin !

V

SOLO :   Les gâs de Saint-Malo
                 Lirelo !
CHŒUR :   Les gâs de Saint-Malo
SOLO :   Ont pour cœur un brûlot !
                 Lirelo !
CHŒUR :   Ont pour cœur un brûlot !
           C'est pourquoi, dans leur ville,
           Par centaines, par mille,
           On voit, dans tous les coins,
                 Lirelin !   } bis, en chœur.
           Des petits Malouins !

VI

SOLO :   Un gâs de Saint-Malo
                 Lirelo !
CHŒUR :   Un gâs de Saint-Malo
SOLO :   Dort seul dans un îlôt,
                 Lirelo !
CHŒUR :   Dort seul dans un îlot,
           De René, la grande Ombre
           Fait des Bardes en nombre :

Yann-Nibor-le-Marin,
     Lirelin !   } *bis, en chœur.*
Est de ce patelin !

VII

SOLO : Aux gâs de Saint-Malo
     Lirelo !
CHŒUR : Aux gâs de Saint-Malo,
SOLO : Nul n'aurait le culot
     Lirelo !
CHŒUR : Nul n'aurait le culot
De prendre, en temps de guerre,
Leurs remparts de naguère
Que l'Océan câlin
     Lirelin !   } *bis, en chœur.*
Baise soir et matin !

VIII

SOLO : Les gâs de Saint-Malo
     Lirelo !
CHŒUR : Les gâs de Saint-Malo
SOLO : Sont toujours matelots :
     Lirelo !
CHŒUR : Sont toujours matelots :
Quand la Mort vient les prendre,
Ils vont, au Ciel, apprendre
A « filer un grelin »
     Lirelin !   } *bis, en chœur,*
Aux petits séraphins !

Bonheur manqué

BONHEUR MANQUÉ

Musique de Désiré DIHAU

I

Quand je quittai les paysans
Qui veillaient sur mes premiers ans
Dans une bourgade endormie,
Je ne pleurai pas les bons vieux
Mais Lison, l'enfant aux beaux yeux
Que j'appelais « ma bonne amie ! »

II

Je l'emmenai, le dernier soir,
A travers les champs de blé noir
Promener dans le clair de Lune
Et lui jurai, dans un baiser,
De m'en revenir l'épouser
Quand j'aurais trouvé la Fortune !

III

Mais à la chercher, comme un fou
De ci, de là..., je ne sais où,
Mon existence s'est passée;
Et ce n'est que de loin en loin
Que je songeais au petit coin
Où m' « espèrait » ma fiancée !

IV

Enfin, par un beau jour d'été,
Vieilli sans m'en être douté,
Je revins dans notre village :
Une petite fille en deuil
Jouait au soleil sur un seuil,
Près d'une vieille au doux visage.

V

Et la fillette, trait pour trait,
Me parut le vivant portrait
De ma camarade d'enfance :
C'était bien l'azur de ses yeux
Et l'or de ses cheveux soyeux,
Et son sourire d'innocence !

VI

« Ta maman, lui dis-je tout bas,
« Se nomme Lison, n'est-ce pas ?
— Maman ? Elle est au cimetière.
« Mais si Lison, certainement,
« N'était pas le nom de Maman...
« C'est celui de bonne Grand'mère ! »

VII

Et, le cœur empli de remords,
Je me penchai vers les yeux morts
De l'aïeule assise à sa porte
Où, comme dans un vieux miroir,
Un court instant je crus revoir,
Notre Jeunesse à jamais morte !

VIII

Puis j'embrassai, comme jadis,
Un front d'enfant, et je partis
Très vite, sans tourner la tête…
Mais seul, au bout du grand chemin,
Très longtemps, le front dans la main,
J'ai sangloté… comme une bête !…

Voilà
Pierre-qui-roule !

———

VOILA PIERRE-QUI-ROULE!

Musique de Théodore BOTREL

I

Ne voulant ni Maître ni Loi,
Je m'en vas tout droit devant moi,
Car j'ai d'inusables souliers
Faits avec le cuir de mes pieds...

REFRAIN

Gai, lon la ! Gai, lon la !
Voilà Pierre-qui-Roule !
Gai, lon la ! Gai, lon la !
Qui roule et roulera !

II

« Mousse jamais n'amasserai »...
Mais la mousse me gènerait,
Car j'ai l'univers pour maison
Quand je cours après l'horizon...

(au Refrain).

III

Quand j'ai faim, je trempe un croûton
Dans la sauce d'une chanson,
Puis me grise, comme un oiseau,
Au cabaret du clair ruisseau !

(au Refrain).

IV

Quand je m'éveille, le matin,
Je suis tout parfumé de thym ;
Lorsque je me couche, le soir,
Aux étoiles je dis : « Bonsoir !.. »
(au Refrain).

V

Et je ris, en plaignant le sort
Des pauvres Riches, cousus d'or,
Qui mourront sans avoir jamais
Dormi la nuit dans les forêts...
(au Refrain).

VI (*ad lib.*)

... Mourront sans connaître le bruit
De l'oiselet rêvant, la nuit ;
Qui mourront sans jamais avoir
Vu l'aube éclairer le ciel noir...
(au Refrain).

VII

Ils mourront sans avoir souffert
Du chaud, l'été, du froid, l'hiver...
Mais mourront sans avoir goûté
L'ivresse de la Liberté !...
(au Refrain).

Les Guetteurs d'Epaves

LES GUETTEURS D'ÉPAVES

Musique de THÉODORE BOTREL

I

Ho ! les gâs ! la Vague démente
Nous a fait signe d'accourir,
Nous qui vivons de la Tourmente
    Dont tant d'autres vont mourir !
On dit qu'un Trois-mâts-goëlette
A mis le cap sur un brisant :
C'est une aumône que nous jette
      L'Océan !

REFRAIN

    Océan !
    O toi, que l'on brave
    Sur le roc pointu,
    Quelle riche épave
    Nous apportes-tu ?

II

Simulant un navire en berne
Balançant doucement ses feux,
Nous n'attachons plus la lanterne
    A la corne de nos bœufs...
Mais, si nous sauvons avec joie
Le matelot agonisant,
Nous gardons ce que nous envoie
      L'Océan !

    (au Refrain).

III

C'est grâce à ce que tu nous donnes
Que nous pourrons, à qui mieux mieux,
Parer d'affiquets nos Yvonnes,
    Payer du cidre à nos « Vieux »...
Notre Labour est inutile :
La Terre est dure au Paysan ;
C'est Toi notre grand Champ fertile,
      Océan !...

    (au Refrain).

La Meule de foin

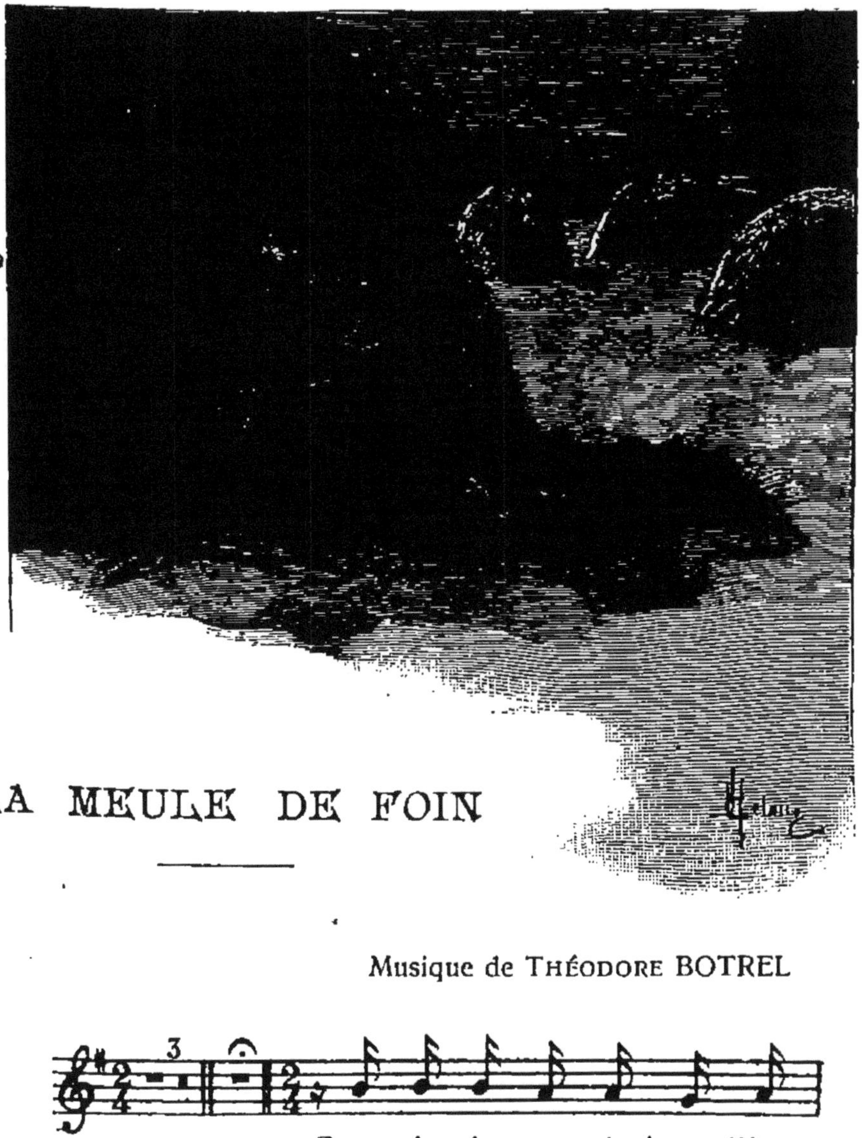

LA MEULE DE FOIN

Musique de THÉODORE BOTREL

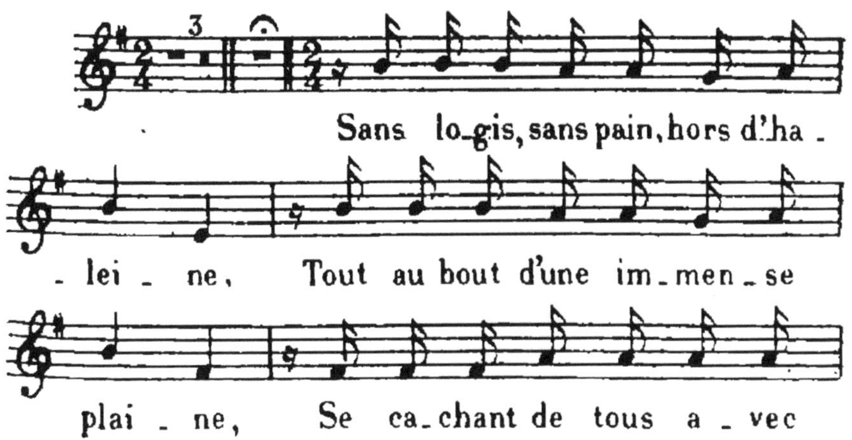

I

Sans logis, sans pain, hors d'haleine,
Tout au bout d'une immense plaine,
Se cachant de tous avec soin,
Ma mère, pauvre vagabonde,
Un soir d'été me mit au monde
    Dans une meule de foin !

II

Vous avez tous une patrie,
Un morceau de terre chérie,
Un vieux clocher qui brille au loin...
Mais, moi, rien ne me repayse :
Mon hameau natal, mon église,
    C'est une meule de foin !

III

Quand je rôdais le long des routes,
Si les uns me jetaient des croûtes
Les autres me montraient le poing :
Trop jeune pour clamer ma haine,
Je m'en allais cacher ma peine
    Dans une meule de foin !

IV

Lorsque sonna l'heure amoureuse,
Une douce et triste glaneuse,
Un soir d'Août m'ayant rejoint
Parmi l'or de la Moisson jaune,
De son baiser me fit l'aumône
    Dans une meule de foin !

V

Quand, l'Hiver, au fond des étables,
J'entendais des gueux lamentables
Envier le Riche en leur coin,
Je riais de leur air morose,
Moi qui ne rêvais autre chose
    Qu'une humble meule de foin !

VI

Si, comme eux, j'ai rêvé Fortune
C'est l'indulgente et bonne Lune
Qui fut toujours mon seul témoin...
Et le doux Songe qui nous leurre
Changeait en Palais, pour une heure,
    Ma pauvre meule de foin !

VII

Voilà comment, toute ma Vie,
J'ai rêvé, souffert sans envie,
Content de peu, sans grand besoin...
Et j'irai quelque jour, vieil homme,
M'endormir de mon dernier somme
    Dans une meule de foin !

Vas-y, la Grise !...

VAS-Y, LA GRISE !

(Chanson de plein air)

Musique d'Emile DURAND

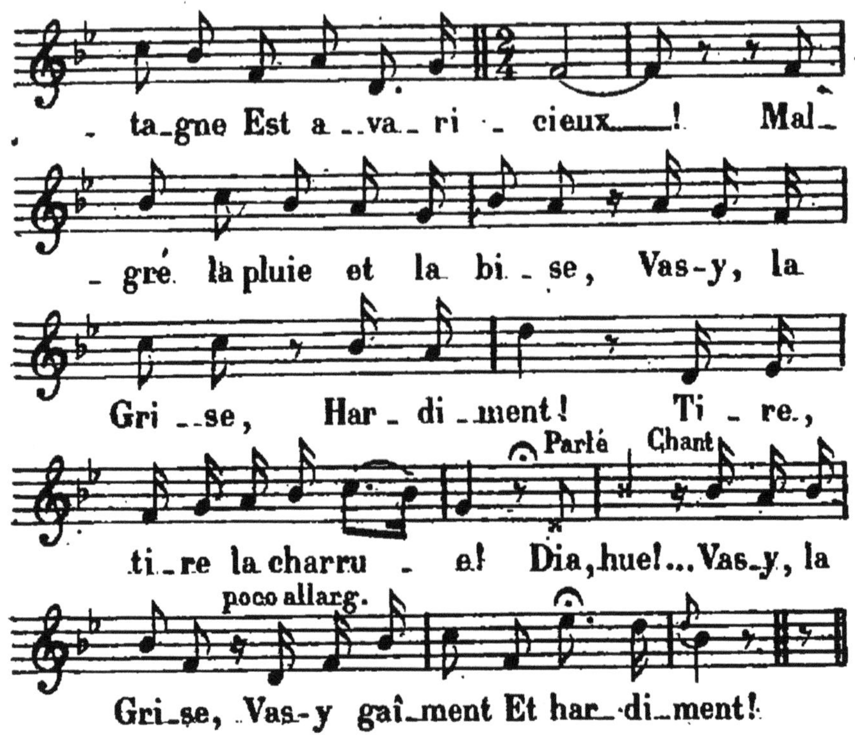

I

Ohé ! la Grise ! le soleil rayonne
    Et l'Angelus sonne
    Au clocher lointain :
Quitte, sans regret, ta chaude litière,
    Livre ta crinière
    Au vent du matin !
La vieille charrue est là qui t'espère,
    Le soc dans la terre
    Et les bras aux cieux.
Hardi, ma jument, ma vieille compagne :
    Le sol de Bretagne
    Est avaricieux !

REFRAIN

Malgré la pluie et la bise,
    Vas-y, la Grise,

Hardiment !
Tire, tire la charrue !
Dia, hue !
Vas-y, la Grise,
Vas-y gaiement
Et hardiment !

II

Ohé ! la Grise ! t'auras ta revanche.
Hardi, sois ben franche,
Franche du collier :
Quand nous rentrerons, t'auras, pour ta peine,
Du foin, de l'aveine,
Dans ton ratelier !
Il faut de l'argent, dans le fond des poches,
Pour nourrir les mioches
Et la grand' maman !
Hardi, ma jument, vaillante et docile !
A ceux de la ville
Il faut du froment !   (au Ref.)

III

Ohé, la Grise ! nous irons, sans faute,
A la Pentecôte
Au Pardon, tous deux,
Pour que Saint Gildas, quand tu seras morte,
T'entr'ouvre la porte
Des Paradis bleus :
Pour soc de charrue on prendra la Lune;
Et, par la núit brune,
Dans les champs sacrés,
Nous labourerons, tous les deux encore,
Pour y faire éclore
Des Astres dorés ! *(au Ref.)*

Tous les ans, le lundi de Pentecôte, les laboureurs de chez nous mènent leurs
chevaux, à marée basse, entendre la Messe à l'île Saint-Gildas, en face Port-Blanc.

La Quenouillée

LA QUENOUILLÉE

Musique d'EMILE DURAND

I

Voici que Décembre
Miz-du, le mois noir,
Nous cloue à la chambre
Dès que vient le soir

L'ajonc sec crépite
Dans l'âtre fumeux :
Léna, ma petite,
Veillons tous les deux !

REFRAIN

File, file ta quenouillée
A la veillée,
Durant que, moi, je tournerai
Ton vieux rouet...
File, ma "Douce" aux mains légères,
Le chanvre ou le lin
Ainsi que filaient nos grands-mères
Pour la rançon de Duguesclin !

II

Ton rouet chantonne
Un air des aïeux,
Un chant monotone
Qui mouille les yeux.
Par des nuits pareilles,
A ces chants amis
Que de vieux, de vieilles
Se sont endormis !

III

Par ces nuits frileuses
Qu'il fait bon venir
Près des amoureuses
Jaser d'avenir...
Par telles nuitées
Combien sont venus
Fumer des pipées
Qui n'y viendront plus !

IV

Allons, mon Elaine,
Tourne ton fuseau ;
La noce est prochaine
Songe à ton trousseau :
Belles nappes bises,
Draps pour les grands lits
Petites chemises
Pour les gâs jolis !

V

File, ma chérie,
Un fil tout pareil
Au fil que Marie
File dans le ciel :
Tous les petits anges
Tiraillent dessus
Pour tisser des langes
A l'Enfant Jésus !

La Belle Corvette

LA BELLE CORVETTE

Air recueilli par Théodore BOTREL

I

solo : Il est une fillette,
      Lonla !
chœur : *Il est une fillette*
solo : Qu'a l'air d'une corvette,
      Lonla !
chœur : *Qu'a l'air d'une corvette*
solo : Qu'aurait z-é-té gréée,
chœur :   *Falira ma dondaine !*
solo : Par les mains d'une Fée.
chœur :   *Falira ma dondé !*

II

Surcouf, le vieux Corsaire,
    Lonla !
Surcouf, le vieux Corsaire,
La voyant si ligère,
    Lonla !
La voyant si ligère
Pour le sûr eût aimé
   Falira ma dondaine !
L'emmener sur la Mé :
   Falira ma dondé !

III

Elle est fringuette et brave,
    Lonla !
Elle est fringuette et brave
De la poupe à l'étrave,
    Lonla !
De la poupe à l'étrave,
De la barre au beaupré,
   Falira ma dondaine !
De la quille aux huniers ;
   Falira ma dondé !

IV

Elle a deux écoutilles,
Lonla !
Elle a deux écoutilles
Coquettes et gentilles,
Lonla !
Coquettes et gentilles
Et deux grands écubiers
Falira ma dondaine !
Toujours ben éveillés;
Falira ma dondé !

V

Ses haubans et ses drisses,
Lonla !
Ses haubans et ses drisses
Sont fins, soyeux et lisses,
Lonla !
Sont fins, soyeux et lisses :
Le soleil, à son gré,
Falira ma dondaine !
S'amuse à les dorer;
Falira ma dondé !

VI

Quand elle a pleines voiles,
Lonla !
Quand elle a pleines voiles
Ses marins, jusqu'aux moëlles,
Lonla !
Ses marins, jusqu'aux moëlles,
Frémissent de fierté
Falira ma dondaine !
Devant tant de Beauté.
Falira ma dondé !

VII

Salut à la mignonne !
Lonla !
Salut à la mignonne !
Que toujours Dieu li donne,
Lonla !
Que toujours Dieu li donne
Bons vents pour naviguer,
Falira ma dondaine !
Bons abris pour ancrer.
Falira ma dondé !

VIII

C'ti qui, l'anné' prochaine,
Lonla !
C'ti. qui, l'année prochaine,
Sera son capitaine,
Lonla !
Sera son capitaine
C'est le gabier brev'té
Falira ma dondaine !
Qui vient de la chanter.
Falira ma dondé !

IX

Amis ! chantons ma belle !
Lonla !
Amis ! chantons sa belle !
Yeu a point deux comme elle,
Lonla !
Yen a point deux comme elle
De Nante à Quimperlé,
Falira ma dondaine !
Ni de Renne à Tréguier !...
Falira ma dondé !

Les Loups-Garous

LES LOUPS-GAROUS

Musique d'EMILE DURAND

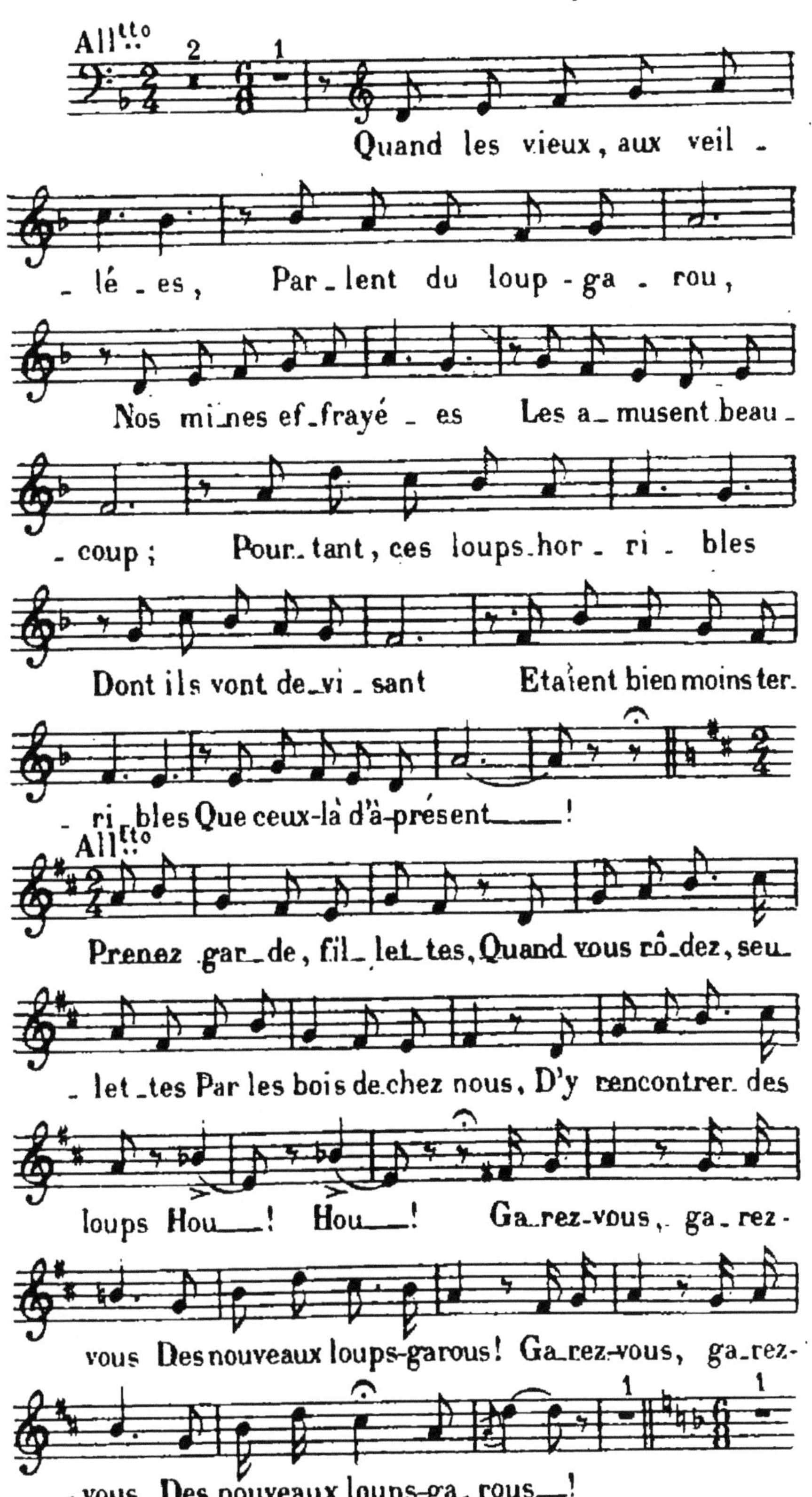

II

Les loups de nos grands'mères
Étaient maigres et vieux ;
Ils avaient des crinières
Et de longs poils galeux.
Les nouveaux sont bravaches,
Sont jeunes et rusés,
Et portent des moustaches
Et des cheveux frisés !
(au Refrain).

IV

Les vieux loups des vieux âges
N'habitaient que les bois,
Ne rêvaient que carnages
Et brebis aux abois...
Les nouveaux, non moins viles
Mais plus civilisés,
N'habitent que les villes,
Ne rêvent qu'aux baisers !
(au Refrain).

DERNIER REFRAIN

Prenez garde aux fillettes
Que vous croisez, seulettes,
Par les bois de chez nous,
Si vous craignez les coups !

Hou ! hou !
Hou ! hou !
Garez-vous, pauvres loups,
Des filles de chez nous !   } *bis*.

III

Les vieux loups des conteuses
Avaient des yeux ardents
Et des gueules hideuses
Avec de longues dents !...
Les nouveaux, moins farouches,
Ont des yeux trop malins
Et de petites bouches
Pleines de mots câlins !
(au Refrain).

V

Mais on dit qu'en Bretagne
Le métier ne va point,
Que plus d'un loup n'y gagne
Que de bons coups de poing :
Au premier coup, le fauve
Se recule, étonné ;
Au deuxième, il se sauve
En se frottant le né !

Yann-la-Goutte

YANN-LA-GOUTTE

I

Quand Yann-la-Goutte s'éveille
Il s'asseoit dans son lit-clos,
Puis, en lorgnant sa bouteille,
S'met à hurler comme un veau :
  « C'est la goutte, la goutte, la goutte,
  « C'est la goutte qu'il me faut ! »

En chœur:

C'est la goutte, la sal' goutte,
C'est la goutte qu'il lui faut !

II

Quand Yann-la-Goutte, en prière,
Veut s'adresser au Très-Haut,
Sa pensée est tout entière
Pour Bacchus sur son tonneau :
  « C'est la goutte, la goutte, la goutte,
  « C'est la goutte qu'il me faut ! »

En chœur :

C'est la goutte, la sal' goutte,
C'est la goutte qu'il lui faut !

III

Quand Yann-la-Goutte travaille
Il est fatigué bientôt :
« Mes amis, lorsque je baille,
« Passez-moi le tord-boyaux :
  « C'est la goutte, la goutte, la goutte,
  « C'est la goutte qu'il me faut ! »

En chœur :

C'est la goutte, la sal' goutte,
C'est la goutte qu'il lui faut !

IV

Quand Yann-la-Goutte a d'la goutte
A boire à tir'-larigot,
Il en boit tant qu'ça dégoûte
L'moins dégoûté des poivrots !
  C'est d'la goutte, d'la goutte, d'la goutte,
  C'est d'la goutte qu'il me faut ! »

En chœur :

C'est la goutte, la sal' goutte,
C'est la goutte qu'il lui faut !

V

Quand Yann va porter son vote,
Aux grands jours électoraux,
Il se flanque un' tell' ribotte
Qu'il en reste un mois sur l'dos :
  C'est la goutte, la goutte, la goutte,
  C'est la goutte qu'il lui faut !

EN CHŒUR :

  C'est la goutte, la sal' goutte,
  C'est la goutte qu'il lui faut !

VI

Yann-la-Goutte a un' bonne âme,
Il soign' bien ses animaux...
Mais il caresse sa femme
Et ses gâs à coups d'sabots !

C'est la goutte, la goutte, la goutte,
C'est la goutte qu'il lui faut !

EN CHŒUR :

C'est la goutte, la sal' goutte,
C'est la goutte qu'il lui faut !

VII

Quand Yann sera mort, bien vite
Mettons-le dans le tombeau
Sans lui jeter d'eau bénite...
Vous savez qu'il n'aim' pas l'eau :
    C'est d'la goutte, d la goutte, d la goutte,
    C est d la goutte qu'il lui faut !

EN CHŒUR :

C'est la goutte, la sal' goutte,
C'est la goutte qu'il lui faut !

VIII

Moralité, mes Gás !

Puisque Yann vient de descendre
Chez les grands diables cornus,
Amis, jurons sur sa cendre
Que nous ne nous soûl'rons plus !
    « Non, la goutte, la sal' goutte,   } *bis,*
    « Jamais nous n'en boirons plus !!! » } *en chœur.*

Les Gabariers de la Rance

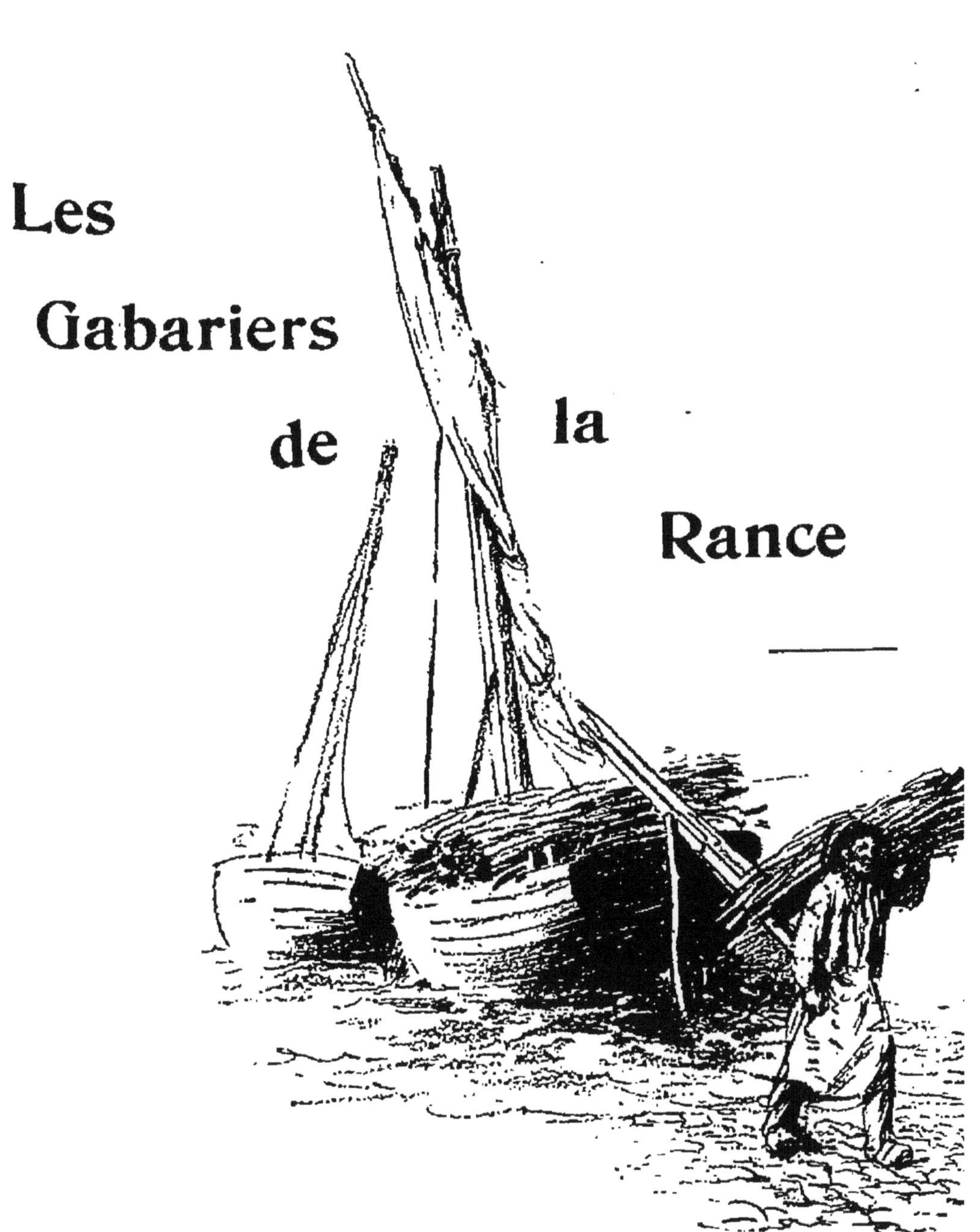

LES GABARIERS DE LA RANCE

I

Au cher Pays de mon enfance,
Le fier pays de Duguesclin,
Là-bas, sur les bords de la Rance,
Est le vieux bourg de Pleudihen :
Ses gabariers, chaque semaine,
Chargent de bois leurs vieux bateaux
Et puis la Rance les entraîne
Entre ses verdoyants coteaux...

REFRAIN

Voguez, voguez, vieille gabare !
Voguez, voguez, au gré du flot,

De Pleudihen à Saint-Malo !
C'est le vieux qui tient la barre
Quand on revient (*bis*)
De Saint-Malo
A Pleudihen !

Musique de THÉODORE BOTREL

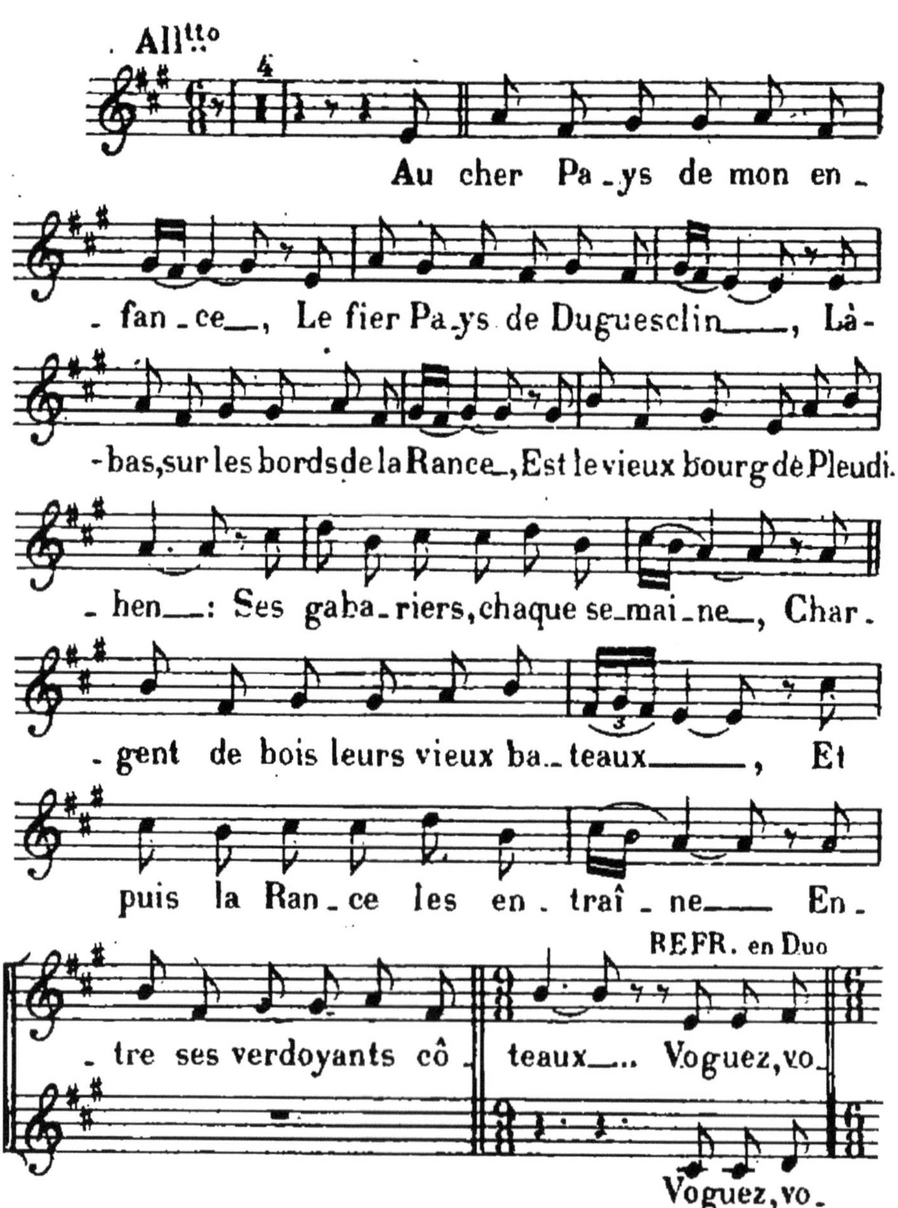

_guez vieil _ le ga _ ba _ re, Vo _ guez, vo _
_guez vieil _ le ga _ ba _ re, Vo _ guez, vo _
_ guez au gré du flot De Pleu_di_hen à Saint Ma _
_ guez au gré du flot De Pleu_di_hen à Saint Ma _
_ lo____! C'est le vieux qui tient la bar_re Quand on re _
_ lo____! C'est le vieux qui tient la bar_re Quand on re_
_vient, Quand on re _vient De Saint Ma _
_vient, Quand on re_vient De Saint Ma _
2ᵉ Cᵗ
_ lo____ A Pleu_di _hen____! Le
_ lo____ A Pleu_di _hen____!

II

Le plus beau marin de la Rance
Fut longtemps Jean-le-Gabarier
Renommé pour son endurance
Au temps qu'il était morûtier :
Les jours de grand marché, les filles
Venaient lui dire : « Embarquez-nous ! »
Et l'on dit que les plus gentilles
Lui faisaient toutes les yeux doux !...

REFRAIN

Voguez, voguez, belle gabare !
Voguez, voguez, au gré du flot,
De Pleudihen à Saint-Malo :
C'est l'Amour qui tient la barre
Quand on revient (*bis*)
De Saint-Malo
A Pleudihen !

III

Et voilà qu'un soir de tempête
Les pauvres gens rentraient chez eux
Lorsque le vent maudit les jette
Contre le rocher de Bizeux !...
Et, depuis lors, chaque dimanche
Quand vient à sonner la Mi-Nuit
On voit une gabare blanche
Qui descend la Rance... sans bruit !

REFRAIN

Voguez, voguez, blanche gabare !
Voguez, voguez, au gré du flot,
De Pleudihen à Saint-Malo :
C'est la Mort qui tient la barre
Quand on revient (*bis*)
De Saint-Malo
A Pleudihen !

Le Grand Lustukru

LE GRAND LUSTUKRU

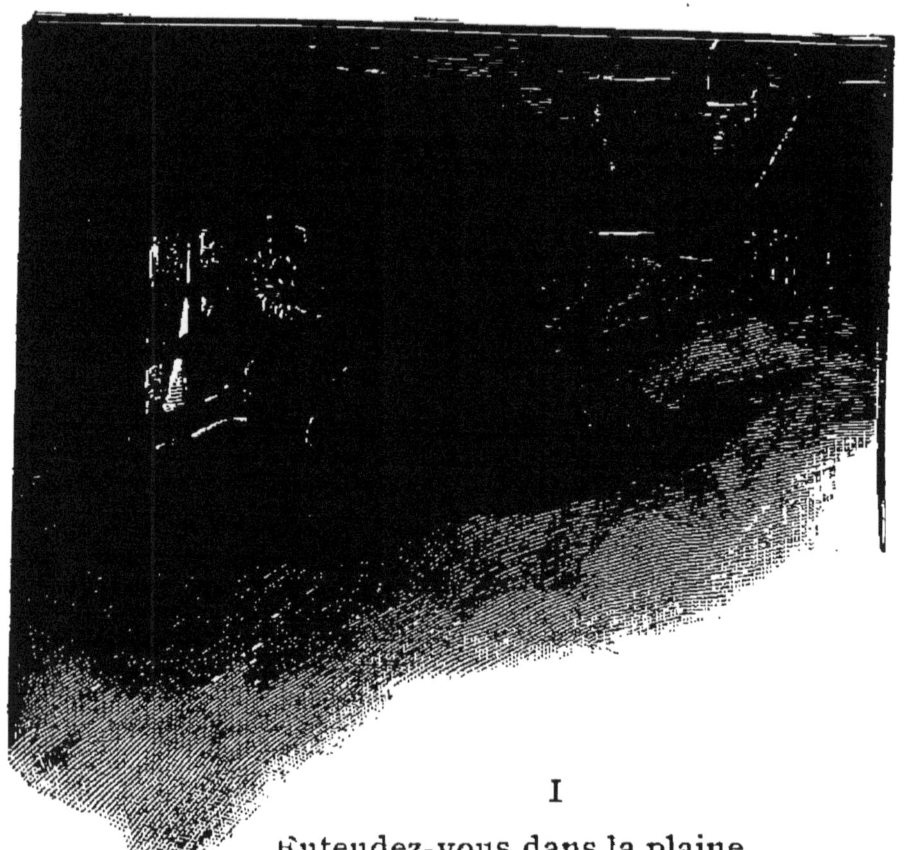

I

Entendez-vous dans la plaine
Ce bruit venant jusqu'à nous ?
On dirait un bruit de chaîne
Se traînant sur les cailloux :
C'est le grand Lustukru qui passe,
Qui repasse, et s'en ira
Emportant dans sa besace
Tous les petits gâs
Qui ne dorment pas !

REFRAIN

Lon lon la,
Lon lon la,
Lon lon la,
Lire la,
Lon la !

II

Quelle est cette voix démente
Qui traverse nos volets ?
Non, ce n'est pas la tourmente
Qui joue avec les galets :
C'est le grand Lustukru qui gronde,
Qui gronde... et bientôt rira
En ramassant à la ronde
    Tous les petits gâs
    Qui ne dorment pas !

(au refrain)

III

Qui donc gémit de la sorte,
Dans l'enclos, tout près d'ici?
Faudra-t-il donc que je sorte
Pour voir qui soupire ainsi ?
C'est le grand Lustukru qui pleure :
Il a faim et mangera
Crus-tout-vifs, sans pain ni beurre,
    Tous les petits gâs
    Qui ne dorment pas !

(au refrain)

IV

Qui voulez-vous que je mette
Dans le sac au vilain Vieux?...
Mon Doric et ma Jeannette
Viennent de fermer les yeux :
Allez vous-en, méchant homme,
Quérir ailleurs vos repas !
Puisqu'ils font leur petit somme,
    Non, vous n'aurez pas
    Mes deux petits gâs !

(au refrain)

TABLE ALPHABÉTIQUE

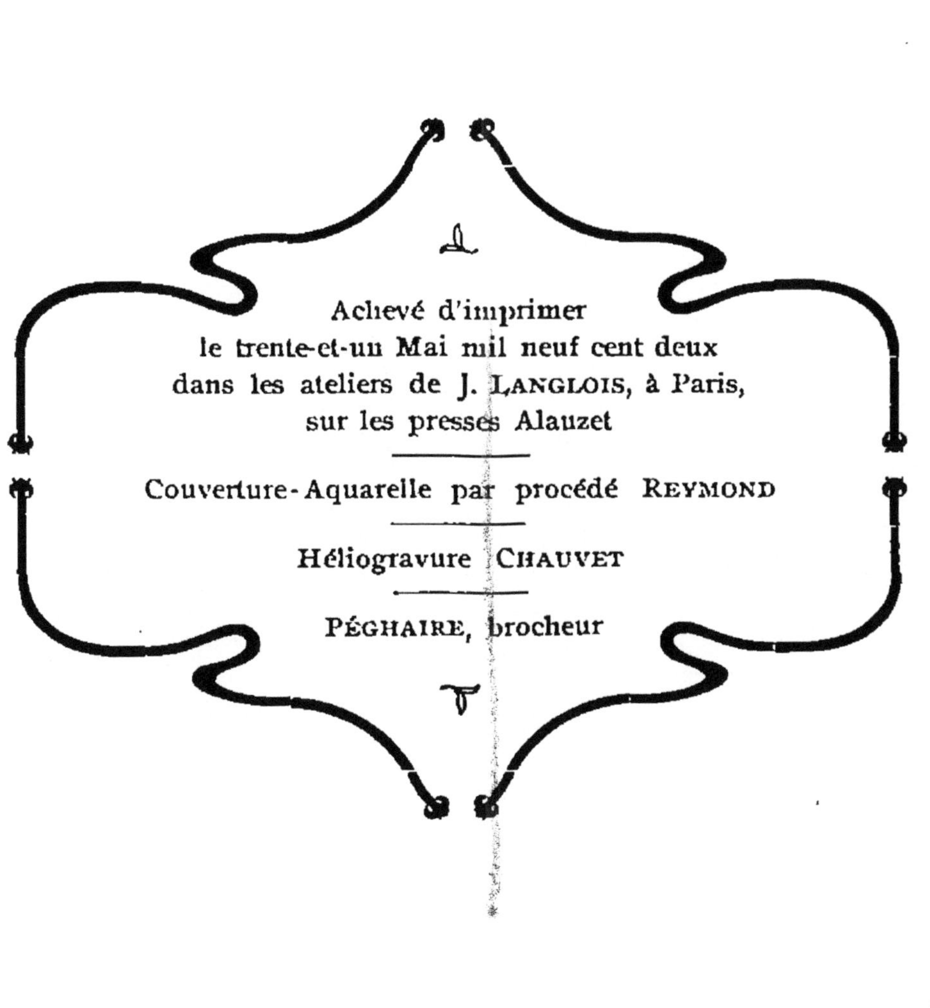

Achevé d'imprimer
le trente-et-un Mai mil neuf cent deux
dans les ateliers de J. LANGLOIS, à Paris,
sur les presses Alauzet

Couverture-Aquarelle par procédé REYMOND

Héliogravure CHAUVET

PÉGHAIRE, brocheur